レンズが撮らえた 幕末の日本

山川出版社

レンズが撮らえた幕末の日本

目次

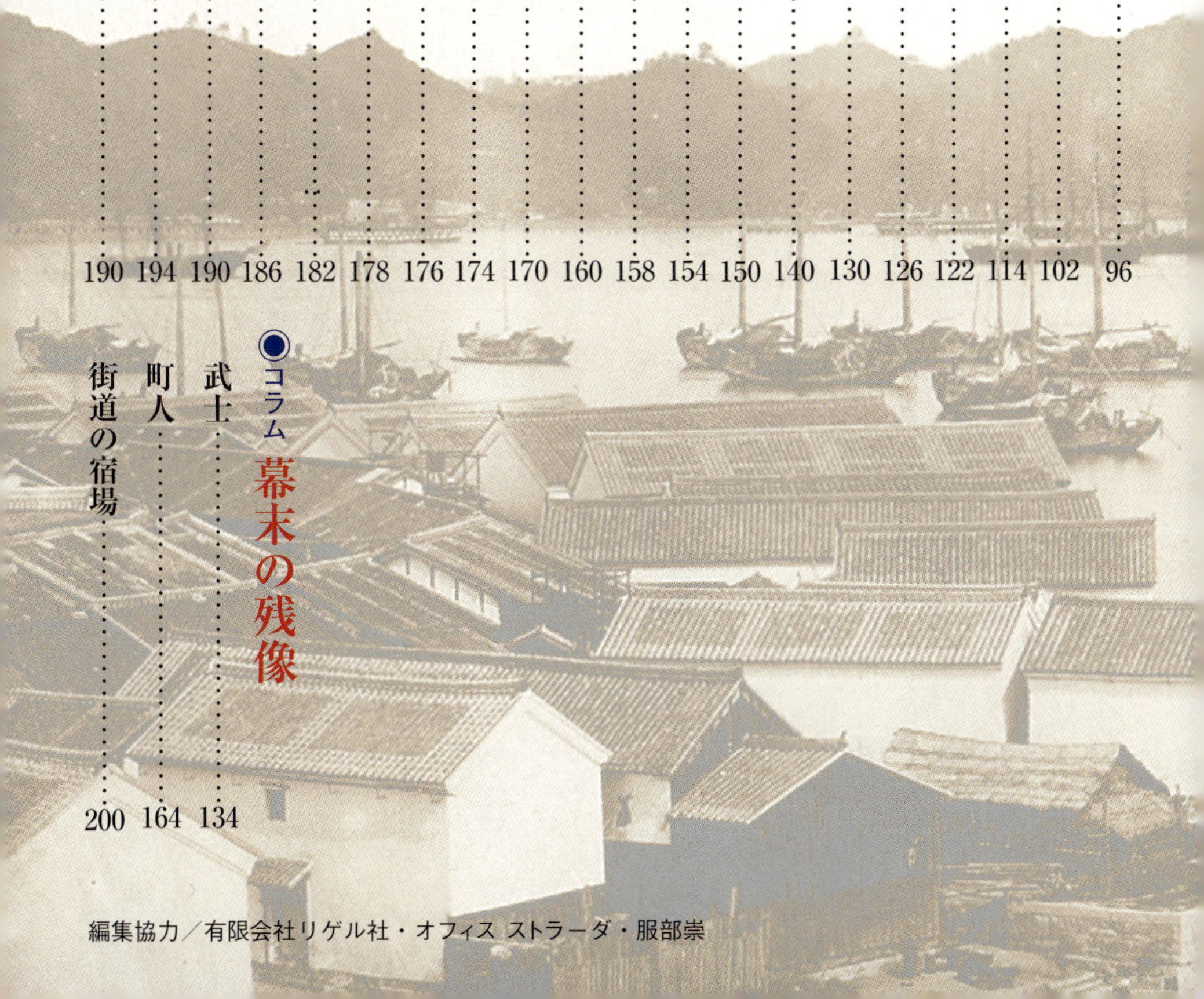

編集協力／有限会社リゲル社・オフィス ストラーダ・服部崇

カラー特集

写真で記録された幕末維新

幕末の動乱期、かつてない「確かな証拠」となる貴重な記録が残された。「写真」による記録である。写真は日本の近世から近代への変革を克明に綴った。憂国に奔走した武士たち、そして混乱する社会情勢の中、太平洋を渡り海外渡航した武士たち。幕末という時代に生きた人々の容姿や風俗、建物、商売、あらゆるものが記録された。まさに日本史上最大の変革期を「写真」が記録したのである。

スフィンクス前の遣欧使節一行（三宅立雄氏蔵・流通経済大学三宅雪嶺記念資料館協力）
元治元年（1864）A・ベアト撮影。文久3年（1863）、池田長発を正使とする遣欧使節団一行はエジプトのスエズに寄港した際、ピラミッドとスフィンクスに出かけ記念撮影をした。

坂本龍馬［さかもと　りょうま／1835-67］（高知県立坂本龍馬記念館蔵）
土佐藩士。脱藩後、勝海舟に師事し、航海術を学ぶ。のちに薩長連合に尽力し、大政奉還に導いた。写真は慶応2～3年（1866-7）長崎の上野彦馬の写真場で彦馬の弟子である井上俊三の撮影。復元着色写真。

奥平昌邁 [おくだいら　まさゆき／1855-84]（国際日本文化研究センター蔵）
幕末の豊前中津藩主。宇和島藩主伊達宗城の四男に生まれ、中津藩主奥平昌服の養子となる。慶応4年（1868）家督を相続。家格や慣例によらない人材登用を行い、藩政改革を進めた。のちにアメリカへ2年間留学。東京府会議員・芝区長を歴任する。刀を西洋式のサーベルのように吊り下げているのが印象に残る写真である。F・ベアト撮影。

鎧をつけた侍（国際日本文化研究センター蔵）
スティルフリード撮影。スティルフリードは 1870 年代に横浜を拠点に東京、神戸、京都、長崎などを撮影、記録している。明治維新直後の日本の貴重な記録を残した。

馬に乗った侍（国際日本文化研究センター蔵）

文久３年(1863)頃、F･ベアト撮影。ベアトは報道写真家として文久３年頃に来日。日本各地の風景や日本人を撮影した。写真で見る馬は、現在のように馬体の大きい洋種馬ではなく、全体としてずんぐりした体形の日本在来馬である。

馬で行く（放送大学附属図書館蔵）

慶応3年（1867）F・ベアト撮影。馬をひくのが馬子である。写真は「乗尻・乗掛」と呼ばれる乗り方で、馬の両側に積荷を振り分け、馬の上には座布団を敷いて一人が乗る方法である。積荷の御用の札は天下御免の印。〇に十の字は、薩摩の家紋。

若い侍たち（国際日本文化研究センター蔵）
F・ベアト撮影。戊辰戦争の頃に写された薩摩藩の侍たち。刀を前に置く写真中央の侍が上士か。後列には筒袖・詰襟の官軍スタイルの侍が並ぶ。

殿様の登城（放送大学附属図書館蔵）
駕籠に乗り込む侍とそのお供。スティルフリード撮影。

箱根宿（国際日本文化研究センター蔵）
江戸時代の景観を残す明治 10 年代の箱根。箱根宿は江戸から 24 里（約100km）余り離れ、旅籠の数は 36 軒、本陣 6 軒、脇本陣 1 軒の宿である。茅葺屋根が建ち並ぶ箱根宿の戸数は、江戸時代後期には 190 軒余りあったが、明治の中頃には約 120 軒ほどに減少した。

小田原宿（放送大学附属図書館蔵）
F・ベアト撮影。小田原は相模国一の大きな宿場町であり、天保 14 年（1843）には本陣４軒、脇本陣４軒、旅籠 95 軒を数えた。この写真の中央奥が城山で小田原城がある。天秤棒を担いだ物売りや大八車で荷物を運ぶ人など、人出の賑わいが伝わってくる、幕末写真の一枚である。但し、被写体の人物がみな写真機の方を伺っている。

江戸の江戸橋（放送大学附属図書館蔵）
日本橋川の左に架かる橋が江戸橋、正面の西堀留川河口に架かる橋が荒布橋。川に沿って蔵造りの倉庫が建ち並んでいた。

沼津の荷船（放送大学附属図書館蔵）
沼津の江浦に停泊する弁才船、約1200 石積。 千石船とも呼ばれた。弁才船は江戸期から明治初年までは最も積載量の大きな船だった。菱垣廻船、樽廻船、北前船などもこの形を採用。写真の船は船尾に日の丸の旗を揚げ、洋式の縦帆があることから明治 20 年代の姿とみる。

幕末の日本

憂国の志士と海外渡航者

幕末を記録した写真――最新の研究動向を踏まえて

岩下哲典

島津斉彬写真撮影の図（『照国公感旧録』）

一八三〇年代、わが国では天保期にあたる時代、フランスで銀板写真が開発された。一八三九年には開発者ダゲールによってフランス科学アカデミーで公開の講演と実験が行われ、撮影キットが販売され始めた。ダゲールの銀板写真（ダゲレオタイプ。銀メッキの銅板に気化したヨウ化銀の感光膜を施し、撮影・現像する。左右反転し、一枚の写真しか得られない）が、わが国にもたらされたのは、それからわずか九年後である。すなわち、一八四八年、嘉永元年の長崎だ（岩下哲典「幕末、写真技術の導入とその環境」『古写真で見る失われた城』世界文化社、二〇〇〇年）。輸入したのは長崎町人上野《うえの》俊之丞《としのじょう》。長崎で坂本龍馬の写真を撮影したといわれる上野彦馬の父である。最終的に、このオランダ船積載の写真機一式を手にしたのは、薩摩藩主世子島津《しまづ》斉彬《なりあきら》である。このころ斉彬は、藩内の権力抗争の真っ只中にあったので、こうした文化的趣味に傾倒していたのかもしれない。そして、斉彬のそれは、当時の風景や人物の姿を視覚的に記録する重要な技術の研究開発として結実し、その技術は他藩などにも伝播し、さらに多くの写真を残すこととなった。これにより、今日のわれわれに多くの、貴重な幕末の情報を伝えることになったというわけである。

島津斉彬銀板写真［しまづ　なりあきら／1809-1858］（尚古集成館蔵）
安政4年（1857）9月17日に撮影された写真。市来四郎ほか撮影。薩摩藩は写真の研究に取りかかったのが早かったためか、日本人が撮影し、成功した日本最古級の銀板写真である。昭和50年島津家で発見された。撮影日は天気晴朗で3枚撮影されたとの記録がある。

　さて、斉彬が、出入りの蘭学者等に写真術を研究させ、銀板写真の撮影に成功したのは、安政四年、すなわち一八五七年で、その年の九月、国許で撮影が行われた。しかし、銀板とは異なる紙のネガフィルムによる紙焼き（カロタイプ写真と推定される）が、同年五月江戸で蘭学者川本幸民《かわもとこうみん》によって成功したとの報告もある（片桐一男「薩藩移籍と川本幸民の写真成功」『洋学史研究』11号、一九九四年）。いずれにしても、この写真研究の分野では薩摩藩が一頭ぬきんでていたことは間違いない。

　ところで、斉彬没後、その遺品の写真機を譲り受け、精力的に研究していたのが、斉彬の大叔父にあたる福岡藩主黒田斉溥《くろだながひろ》である。福岡藩は、距離的にも長崎に近く、長崎の防衛を佐賀藩とともに担当していたこともあって、聞役《ききやく》として長崎に藩士を常駐させていたり、優秀な蘭学者を藩主の顧問格にしたりして、開発研究には有利な立場にあった（岩下哲典『幕末日本の情報活動（改訂増補版）』雄山閣二〇〇八年）。福岡藩が取り組んだのはコロジオン湿板写真、つまりガラス原板をネガフィルムとして使用す

徳川慶勝（徳川林政史研究所蔵）
［とくがわ　よしかつ／1824-1883］
尾張徳川家14代藩主。文久2年（1862）撮影。藩政改革を行い、西洋砲術を導入するなど近代化に努めた。高須四兄弟の長兄。

江戸上屋敷市谷邸（徳川林政史研究所蔵）
現在の新宿区市谷本村町の防衛省敷地。尾張藩徳川家上屋敷の敷地は約7万5000坪。江戸在府中の藩主と、その家族が居住し、藩の政治的機構を行う施設もあった。

る最新式だった（薬品と印画紙さえあれば何枚も複写が可能な技術）。

しかし、そうした長崎に有利な立場とは、いささかも関係なく、西洋写真術、とくにコロジオン写真に相当魅力を感じ、蘭学者まかせでなく、藩士に情報収集はさせるものの、自ら実験し、撮影し、整理していた大名がいる。近年注目されている、尾張藩主徳川慶勝《とくがわよしかつ》である。

慶勝の写真研究が、はじめて公になったのは、一九九一、および一九九二年刊行の岩下哲典「徳川慶勝の写真研究と撮影写真」（『徳川林政史研究所紀要』２５・２６号）であった。その後、一九九六年にその成果を取り入れながら、『将軍殿様が撮った幕末明治』（新人物往来社）で一般に知られるようになった（岩下執筆部分）。さらに、二〇〇五年、白根孝胤「幕末・維新期における尾張家の撮影写真と技術開発」（『徳川林政史研究所紀要』４０号）で、藩政史料から慶勝の写真研究の背景（資金・人員等）がより明確になった。その

うえで、二〇一〇年六月、NHK総合『歴史秘話ヒストリア』で、「特撮！お殿様のスクープ写真」として放映され、さらにNHKプラネット中部編『写真大名・徳川慶勝の幕末維新』（NHK出版）でさらに広く知られるようになったのである。

慶勝写真の特徴は、①藩主慶勝でしか撮影し得ない、名古屋城内部の写真や、江戸下屋敷（戸山邸）、京都や広島城下の写真があること。②慶勝でしか立ち得ない地点（名古屋城の特設桟敷等より撮影）からの祭礼撮影写真があること。③慶勝直筆の実験ノートが付随していること。④慶勝自らが写真の整理に携わっていること。⑤藩政史料のなかに写真関連史料があって、その実態が判明すること、などである。これまで知られている、薩摩や福岡、津、福井などの各藩では、写真そのものや幾分周辺史料は残っているものの、慶

大砲の脇に立つ武士（徳川林政史研究所蔵）
慶勝の写真コレクション「幕末人物・殿舎店風景写真帳」の写真のひとつ。名古屋城内での撮影と思われる。

勝のように藩主が強力にコミットしてはいないことから、史料的には乏しい状態だ。そういった意味で慶勝の写真および関係資料群は大変貴重である。今後写真史上では、慶勝の写真への言及は避けて通ることはできず、また、更なる研究の進展が期待されるのである。なお、慶勝自身が書いているが、慶勝の写真研究の画期、おそらく撮影と現像に関して着実な方法が確立したのは、文久元年、一八六一年とのことである。これは後述するように、日本における初の営業写真師活動の時期と一致する点で、示唆的である。つまり文久元年が、写真史の上で重要な画期なのである。

さてこうした、写真に関心を有する大名は、十三代将軍家定《いえさだ》の将軍継嗣に一橋家の徳川慶喜《よしのぶ》を押す一橋派の大名が多かった（ほかには、徳川斉昭《なりあき》、一橋慶喜自身も関心を持っていた）。福井の前藩主松平春嶽《まつだいらしゅんがく》は、文久元年、一八六一年に写真師鵜飼玉川《うかいぎょくせん》に、師である横井小楠《よこいしょうなん》の撮影を依頼している（西村英之「福井写真史考」『福井市立郷土歴史博物館紀要』6、一九九八年）。春嶽は、写真を形見にするつもりだったらしい。この、鵜飼玉川が、日本最初の営業写真師である。従来、文久二年に長崎で上野彦馬《うえのひこま》、横浜で下岡蓮杖《しもおかれんじょう》が開業して、二人がともに最初とされてきたが、事実はそうではない。近年、玉川が、万延元年（一八六〇）に横浜に上陸したアメリカ人雑貨商フリーマンから写真機を購入して、両国薬研堀で開業、文久元年には営業していたことが判明した（斎藤多喜夫『幕末明治　横浜写真館物語』吉川弘文館、二〇〇四年）。玉川の撮影写真現物も新たに確認されたものがいくつかある。かくして、営業写真師に関しても写真史研究上再考が迫られている。

広島城三の丸南門方向を望む（徳川林政史研究所蔵）
写真の裏側には「元治元年甲／子冬十有二月／二十有五日藝城／之真景、本丸／見附ノ図」との慶勝の直筆墨書がある。「本丸見附」と記されているが、内閣文庫の正保城絵図より考察すると、写真の建物の条件を満たす場所は三の丸南門周辺と思われる。

ともかく、ごく大雑把に言えば、一八三九年にフランスで普及し始めた写真術は、一八四八年、嘉永元年に日本にもたらされ、一八五七年、安政四年、川本幸民らが撮影に成功し、文久元年（一八六一）には、写真大名徳川慶勝が写真研究を飛躍的に向上させるとともに、営業写真師鵜飼玉川がこの年開業して出張撮影するまでになった。まさに幕末の動乱を記録するのに間に合った形となった。それを間に合わせたのは、下級武士によって打倒されるべき、上流武士である藩主、それも開明的といわれる一橋派の大名であったことは、いささか皮肉ではあるが、余暇と財政的裏づけと蘭学者などの、知への支援が得られやすい環境を有していたのは彼らであることから、至極当然な結果ではある。

本文引用以外の参考文献（刊行年順）
日本写真家協会『日本写真史』平凡社、一九七一年、ジャン・A・ケイム『写真の歴史』白水社、一九七二年、小沢健志『日本の写真史』ニッコールクラブ、一九八六年、市川任三「東都両国薬研堀写真師鵜飼玉川小記」『立正大学教養部紀要』22、一九八九年、遠藤正治「湿板写真術と洋学者」『洋学』2、一九九四年。

国を憂う群像たち——兄弟で袂を分かちながらも……

岩下哲典

明治一一年九月三日、開業したばかりの銀座の二見《ふたみ》朝隈《あさくま》の写真館に、旧尾張藩主徳川慶《とくがわよし》勝《かつ》（五五）、一橋徳川茂徳《もちなが》（四八）、旧会津藩主松平容保《まつだいらかたもり》（四四）、旧桑名藩主松平定敬《さだあき》（三二）が正装して集まった（藤田英昭「時代を駆け抜けた高須四兄弟」NHKプラネット中部編『写真大名・徳川慶勝の幕末維新』NHK出版、二〇一〇年）。四人は兄弟である。

　そろって写真に納まると、四人は撮影代を出し合い、慶勝の本所邸で会食して散会した。この会は、長兄の慶勝の発案だった。四人の越し方を思うと、一体、どのようなことが話題になったのだろうか。すこぶる興味がわくが、これ以上はまだわかっていない。

　文久二年（一八六二）ごろに撮影された四兄弟の写真では、それぞれが若く、また、貴公子然としている。慶勝は三八歳で、正面をしっかり向いて写真と対峙しようとしている（岩下哲典『江戸情報論』北樹出版、二〇〇〇年）。茂徳は三二歳、月代を剃っていないので、玄同と称した頃か。いささか斜めに、また下を向いているように見える。一橋徳川慶喜が徳川宗家を継承したため、玄洞が一橋家当主となる。

　容保は二八歳、京都守護職に任じられたので、形見として撮影された可能性がある。なお、会津藩主としての容保の事跡は幕末史における敗

高須四兄弟（徳川林政史研究所蔵）
写真右より尾張徳川慶勝（55歳）、一橋茂徳（茂栄・玄同、48歳）、会津松平容保（44歳）、桑名松平定敬（33歳）。明治11年9月3日撮影。

軍の将としてよく知られている。定敬は、痘痕の残る一七才。幾分写真機に不信の目を向けているようだ。この写真が撮影されたと考えられる文久二年のさらに二年後に京都所司代に任命され、兄容保を補佐した。鳥羽・伏見の戦い後、兄慶喜、容保とともに大坂城を脱出、江戸から柏崎、会津、箱館と転戦。明治二年（一八六九）、長兄慶勝の屋敷に出頭して新政府に恭順した。兄二人は勤王、弟二人は左幕。四兄弟に降りかかった運命はいささか過酷だった。しかし、生き延びたことは幸運といってよい。幕末維新では実に多くの若者が命を失っている。

幕末で最初の犠牲者は安政五年（一八五八）からの大獄の処罰者たちであろう。一橋慶喜《ひとつばしよしのぶ》を将軍継嗣に押す、いわゆる一橋派の大名では徳川斉昭《なりあき》が謹慎、一方、同慶勝、松平春嶽《しゅんがく》、伊達宗城《だてむねなり》、山内豊信《やまのうちとよしげ》も隠居・謹慎に処せられた。また、吉田松陰《よしだしょういん》（二八歳）、橋本左内《はしもとさない》（二四歳）たちは斬首等、憂国の士が一〇〇人

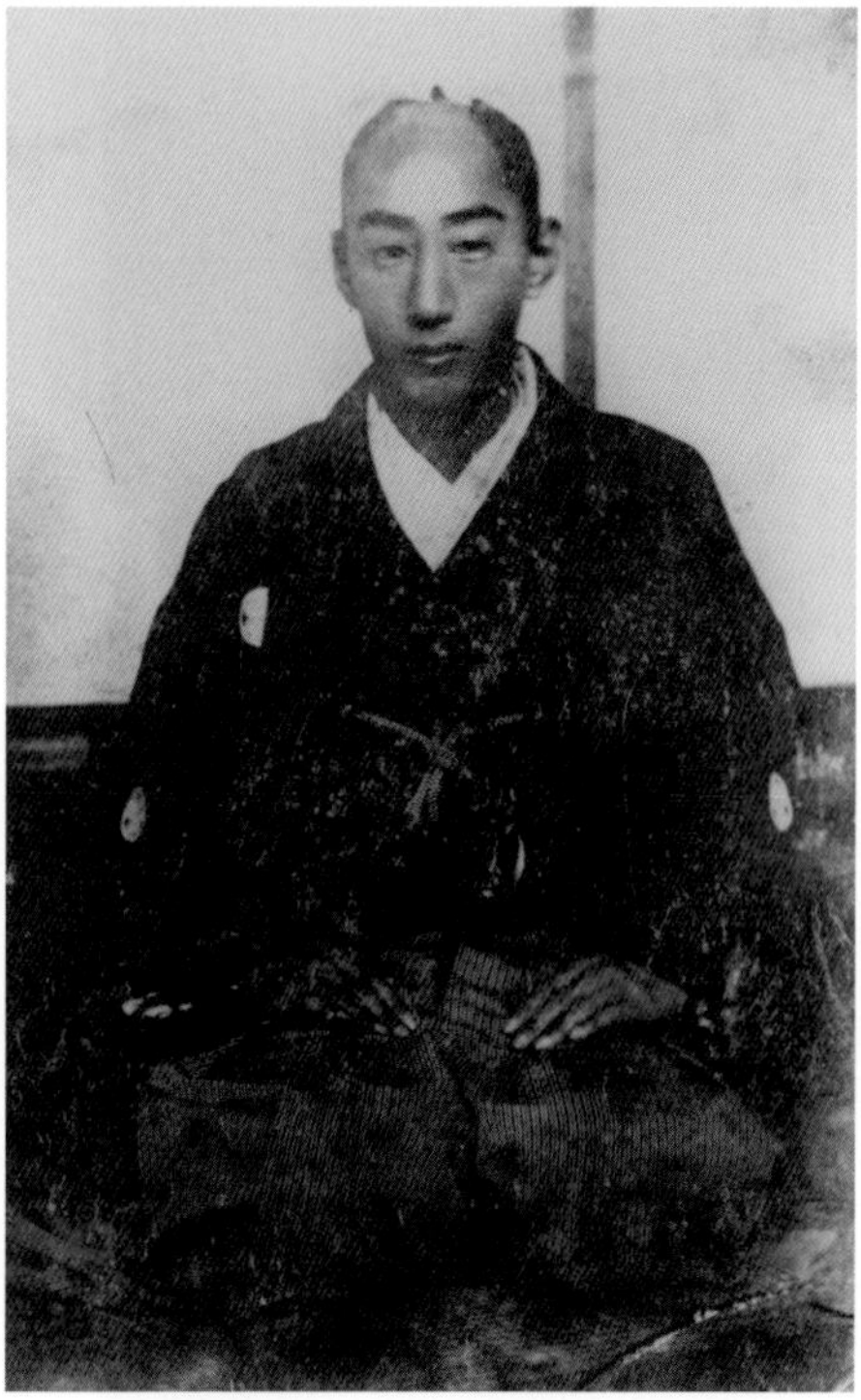

松平容保（徳川林政史研究所蔵）
［まつだいら　かたもり／1836-1893］
写真の墨書には「松平肥後守／容保／文久二壬戌冬／年齢二十八歳」。文久2年11月から12月18日以前に兄慶勝が撮影したもの。8月には容保が京都守護職に任じられている。

徳川茂徳（徳川林政史研究所蔵）
［とくがわ　もちなが／1831-1884］
写真の墨書には「一橋様」。文久2年（1862）撮影ならば32歳。慶勝とは7歳違い。当時、尾張徳川家15代藩主であるが、月代を剃っていないので、同3年に隠居して玄同と称した頃かも知れない。

ほど犠牲になった（岩下哲典編著『徳川慶喜その人と時代』岩田書院、一九九九年）。しかし、その強権政治を主導した井伊直弼《いいなおすけ》も、万延元年（一八六〇）三月三日、外桜田門の外で登城中に水戸や薩摩の浪士に惨殺された。白昼堂々と、幕府大老が殺害されるのは前代未聞であった。幕府の弱体と浪士による変革を暗示したのがこの事件だった。

さらに浪士たちの攻撃対象は、来日した外国人にも向けられた。同年末にはアメリカ公使館付通訳ヒュースケンが麻布中の橋付近で襲われ、翌日死亡した。各国公使は幕府に抗議して、外国人の安全の保障と犯人の検挙を要求、一時横浜に退去した。翌文久元年（一八六一）幕府は要求を呑み、公使たちが戻るということになり、傍目にはますます幕府が外国勢力に譲歩していくように映った。浪士たちは、文久二年（一八六二）一月、老中安藤信正《あんどうのぶまさ》を坂下門外で襲撃し、さらに外国人殺傷事件を起こして幕府を追い込んでいく。大きなものでは、二度にわたる品川イギリス公使館襲撃、生麦事件、御殿山イギリス公使館焼き討ちである。

松平定敬（徳川林政史研究所蔵）
［まつだいら　さだあき／1847-1908］
写真の墨書には「桑名様」。文久２年撮影ならば 17 歳。兄慶勝と 22 歳違い。19 歳で京都所司代に任命され、京都守護職の兄容保を補佐する。大政奉還後は、大坂、江戸、柏崎、会津、箱館と転戦した。

一方、坂下門外の変で幕府が追い込まれていく状況を座視できなくなった薩摩藩主の父親島《しま》津《づ》久光《ひさみつ》は、文久二年三月、藩兵を率いて京都に上り、朝廷から幕政改革の実を挙げよと命じられる。諸国浪士たちが、久光の名声を慕って続々と上京してくると、久光自身は寺田屋で過激な藩士や浪士を処罰した（寺田屋騒動）。これにより、薩摩藩の過激派は壊滅的打撃を被ったが、朝廷における久光の名声はさらに上がり、勅使大原重徳《おおはらしげとみ》を伴い江戸に下り、一橋慶喜と松平春嶽ら一橋派の復権を実現した。しかしながら、安政の大獄以前の政治状況であればまだしも、幕府を巡る状況は困難を極めていた。

一つは、久光一行が起こした外国人殺傷事件（生麦事件）で、外国勢力が硬化し、薩英戦争にまで発展したこと、もう一つは、京都を長州藩と土佐藩の過激攘夷派が牛耳り、孝明天皇の意思がいっそう排外・攘夷に凝り固まったことで、「開国」を是とする幕府を追い込んだことである。もはや京都に強力な幕府政権の出先機関を置かなければどうにもならないことは誰の目にも明らかだった。

かくして文久二年閏八月、幕府は会津藩主松平容保に京都守護職を命じた。容保と慶喜は、将軍家茂上洛に備えて地ならしを行うが、それもままならぬままに将軍上洛となり、文久三年三月、家茂は、五月一日を期して攘夷を決行することを孝明天皇に約束させられてしまう。だが、これを本気で実行したのは長州藩だけであった。すなわち、この日長州藩は下関海峡を通過する外国船に砲撃を加えたのである。海峡の片側だけであったので、外国船は辛くも逃げ

占拠された前田砲台

（横浜開港資料館蔵）

元治元年（1864）8月5日、前年の馬関攘夷戦の報復のため、英・仏・蘭・米の４国連合艦隊 17 隻が長州下関に来襲、艦砲射撃を加えたあと上陸、長州の砲台を占拠した。

たが、長州藩の人気はいやがうえにも上がった。さらに七月には薩英戦争が勃発して薩摩藩も善戦した。

このころ京地において、「天誅《てんちゅう》」と称して、人命をなんとも思わず殺害に及ぶなど、あまりにも過激になった長州や土佐の勢力を排除すべく、会津・薩摩がひそかに手を結び、八月一八日クーデタを実行した。慶喜と容保・薩摩藩が主導権を握り、長州・土佐の過激派や一部の公家らは京都から追放された（七卿落ち）。

元治元年（一八六四）六月、起死回生をはかるべく池田屋に参集した浪士を会津藩御預の新選組が一網打尽にした事件があり、さらに失地回復とばかり、七月上洛した長州勢を、慶喜・容保、容保の弟松平定敬と薩摩藩が撃破（禁門の変）。ここでも久坂玄瑞ら多くの若者が命を落とした。禁門の変により長州藩は朝敵となり、第一次長州戦争が始まることとなる。この総督には容保・定敬の兄慶勝が任命され、慶勝は全権委任を取り付けて出陣。本営の広島で長州藩三家老の首実験を行い、年末に解兵した。

慶勝の意図するところは、八月に四国連合艦隊に襲撃されて疲弊した長州をこれ以上弱体化させないことだった（上野恵・太田尚宏「十四代慶勝の征長構想」『尾張の殿様物語』徳川美術館、二〇〇七年）。しかし、この措置に、慶喜・容保・定敬らは大いに不満で、慶勝の戦後処理構想をつぶし、あくまでも第二次長州戦争に突入していく。

慶応二年（一八六六）六月、幕府は「総進撃」を開始したが、津和野藩が長州側に道を開き、浜田藩領は長州軍に占領され、七月に将軍家茂死去の報に接した小倉藩主小笠原長行《おがさわらながみち》が戦線離脱して小倉城が陥落。慶喜は、朝廷から休戦の勅令を引き出して休戦に持ち込み、一二月、孝明天皇の信任を背景に将軍に就任した。

ところが、その直後、孝明帝は謎の残る病死を遂げ、慶応三年一月、明治天皇が践祚《せんそ》する。慶喜は、フランス公使ロッシュの助言により大坂城で外国使節を引見するなどして、外交的な

名古屋城天守と本丸御殿（『国宝史蹟 名古屋城』）
昭和16年頃の撮影。名古屋城は尾張徳川家の居城。昭和20年の空襲により大小の天守や御殿が焼失した。

成果をあげつつあった。しかし、薩摩と長州、土佐などによる討幕の動きをはじめ、内外の情勢は日増しに緊迫したため、これまでの将軍職では政治の舵取りは困難と判断した慶喜は、一〇月一四日大政奉還を行った。同時に討幕の密勅も薩摩・長州等に下され、朝廷内も大いに混乱していた。

慶喜側は、欧州留学経験もある西周にナポレオンのフランス帝国を模した全国政権構想を起草させ、来るべき諸侯会議に備えようとしていた（前出『徳川慶喜その人と時代時代』）。ところが、一一月、坂本龍馬と中岡慎《なかおかしん》太郎《たろう》が京都で暗殺されたころから、討幕勢力に火がつき、一二月、王政復古の大号令が渙発《かんぱつ》され、ついで行われた小御所会議で、慶喜の辞官納地が決まるや、京都に勢力を張った討幕勢力と、大坂に拠った旧幕府勢力は一触即発の状態に陥った。翌慶応四年一月、鳥羽・伏見で両者は激突し戊辰戦争の幕が切って落とされた。さらに多くの犠牲者が出ることとなった。幕末の写真はその犠牲者の追悼でもある。

徳川慶喜（茨城県立歴史館蔵）
[とくがわ　よしのぶ／1837-1913]　F・ベアト撮影
元治元年〜慶応2年（1864〜66）に撮影。禁裏守衛総督時代の慶喜。元治元年の6月には新選組による池田屋騒動、7月には禁門の変、8月には4国連合艦隊下関砲撃事件などが起こる。また、2回にわたる長州征伐を主導した。この頃、京都には禁裏守衛総督兼摂海防禦の一橋慶喜、京都守護職松平容保（会津藩主）、京都所司代松平定敬（桑名藩主）がいたことから一会桑政権が樹立されていた。

徳川慶喜（茨城県立歴史館蔵）

元治元年〜慶応２年（1864〜66）に撮影。禁裏守衛総督時代の慶喜。文机上には鉛筆入れに鉛筆が２本。煙管をくわえた慶喜の後ろには中国の代表的史籍『資治通鑑』が置かれている。

大坂城大広間での謁見の様子

（『ザ・イラストレイテッド・ロンドン・ニューズ』1867年８月10日号）

徳川慶喜（茨城県立歴史館蔵）

慶応３年（1867）に撮影。大坂城でイギリス、フランス、オランダ各国公使と謁見する慶喜。写真はイギリス公使パークスとの謁見の時の装束で、小直衣姿の出席した。このときの模様は版画に変換され、日本の将軍としてヨーロッパに紹介された。イギリス・サーペント号の機関長サットン大佐撮影。

江川英武（江川文庫蔵）
[えがわ　ひでたけ／1853-1933]
最後の伊豆韮山代官・江川英武。写真の裏書に「英武享年十二歳像」とある。文久2年（1862）兄・英敏が亡くなったため、わずか10歳で家督を継承し、韮山代官となる。明治2年には岩倉使節団とともに留学生として渡米する。

幕府家臣

大久保一翁（港区立港郷土資料館蔵）
[おおくぼ　いちおう／1818-1888]
旗本。安政元年（1854）老中阿部正弘に登用され、目付兼海防掛となる。以後、蕃書調所頭取、京都町奉行、外国奉行などをつとめる。徳川慶喜に嫌われるが、大政奉還を推進する。

小沢太左衛門（江川文庫蔵）

[おざわ　たざえもん／不詳]

万延元年（1860）7月16日に撮影。包紙に「万延元年七月十六日、小沢神様写真御尊像御一面、恵霜斎所持、江川太郎左衛門源英口敬奉行持、敬慎」と記される。小沢太左衛門は若き伊豆韮山代官・江川英敏の後見役を務めた。写真は嘉永6年（1853）より江川家の家臣となったジョン万次郎によって撮影された。

江川英敏（江川文庫蔵）

[えがわ　ひでとし／1843-1862]

江川太郎左衛門（江川英龍）の長男として生まれる。父の死とともに家督を継ぐが、7年後の文久2年（1862年）に死去する。

勝海舟［かつ　かいしゅう／1823-1899］（福井市立郷土資料館蔵）
長崎海軍伝習後、軍艦奉行として神戸海軍操練所を創設し、海軍教育にあたる。ほかに第二次長州征伐の停戦交渉や江戸城無血開城など政治的手腕も優れていた。

佐藤与之助（政養）［さとう　よのすけ（まさやす）／1821-1877］（鶴岡市郷土資料館蔵）
勝塾、幕府海軍操練所の塾頭。出羽国升川村の農民出身であったが、庄内藩から江戸留学を認められ、勝海舟から蘭学を学び、安政４年（1857）に海軍伝習生として長崎に至り、測量や軍艦操練を学ぶ。その後、庄内藩組外徒士格となり、神戸海軍操練所入り、徳川家茂の大坂港視察に同行した。維新後、初代鉄道助となり、新橋 - 横浜間の鉄道敷設に尽力した。

安藤要人（津山洋学資料館寄託）
[あんどう　かなめ?／不詳]
津山藩の家老。文久元年ごろ江戸で撮影されたと思われる。津山藩は、公武合体や薩長の和合を求めていたが、征長に幕府側で出陣。鳥羽・伏見の戦い後に長州の斡旋で恭順が認められた。

津山藩

宇和島藩

伊達宗敦（港区立港郷土資料館蔵）
[だて　むねあつ／1850-1907]
宇和島藩主伊達宗城の次男。明治元年、仙台藩主伊達慶邦の養嗣子となる。

備中松山藩

板倉勝静　（港区立港郷土資料館蔵）
[いたくら　かつきよ／1823-1889]
桑名藩主松平定永の八男に生まれ、備中松山藩主板倉勝職の養子となり藩主となる。江戸幕府の寺社奉行となるが井伊直弼に罷免され、直弼死後、寺社奉行に復帰。文久2年（1862）に老中となり、外交を担当。鳥羽・伏見の戦い後は、箱館まで転戦した。

脇田政一（港区立港郷土資料館蔵）
不詳。上野彦馬撮影。

伊能英次郎（港区立港郷土資料館蔵）
[いのう　えいじろう／不詳]
上野彦馬撮影。宇和島藩家老伊能友鷗の養子。もとは三輪清助二男。安政５年３月に伊能家の養子となり、旧知内300石で名跡をたて、児小姓を勤めた。慶応３年６月、伊達宗城の４女・理と結婚している。

伊達宗城一行（港区立港郷土資料館蔵）
[だて　むねなり／1818-1892]
右から西園寺公成、中臣次郎、伊達四位公（伊達宗城）、北谷兵一、八木守衛。内田九一撮影。伊達宗城は、幕末の宇和島藩主。藩の近代化を進めた開明大名として名高い。

宇和島藩

松平慶永（福井市立郷土歴史博物館蔵）
[まつだいら　よしなが／1828-1890]
福井藩主。将軍家斉の甥として、御三卿田安家に生まれる。11 歳の時、越前松平家を継承し、福井藩主となる。橋本左内や横井小楠らを近待させ、家門随一の開明派大名といわれた。将軍継嗣問題では、早くから一橋慶喜擁立の中心となるが、大老井伊直弼の登場によって敗北。隠居蟄居するが井伊直弼の死によって、幕政に再登場し、幕臣大久保忠寛の主唱した大政奉還に同調し、その実現に尽力した。

松平慶永（福井市立郷土歴史博物館蔵）

福井藩

福井城大手の瓦御門（福井市立郷土歴史博物館蔵）
明治初期撮影。

由利公正（福井市立郷土歴史資料館蔵）
[ゆり　こうせい／1829-1909]
福井藩士。三岡八郎。松平慶永に仕え、横井小楠の指導のもと、藩の財政改革を行い成功させる。大政奉還がなると、坂本龍馬の訪問を受けた。新政府の五箇状御誓文の原案を起草。後に初代東京府知事となる。

鍋島直正（港区港郷土資料館蔵）
[なべしま　なおまさ／1814-1871]
佐賀藩主。天保元年（1830）襲封すると藩財政の改革を行い、殖産興業や海外文明の移植に務め、幕末期には藩を国内有数の近代産業先進地に導いた。長年、幕府と朝廷の周旋に尽くした。

大隈重信（早稲田大学附属図書館蔵）
[おおくま　しげのぶ／1838-1922]
佐賀藩士。藩政改革に参画、尊壊激派として活躍。明治２年（1869）民部大輔・大蔵大輔となり、鉄道・電信の建設に尽力。その後、参議、大蔵卿となり、同31年総理大臣を務めた。

古賀一平（定雄）（港区港郷土資料館蔵）
[こが　いっぺい／1828-1877]
佐賀藩士。大木民平・江藤新平とともに「佐賀の三平」といわれた。尊攘派として活躍。明治４年（1871）佐賀藩大参事の時、先進的な改革をやろうとするも、民衆から反発をかった。

坂田出納権正（港区港郷土資料館蔵）
佐賀藩士。新政府に出仕。大蔵省出納権正、出納大佑などを経て、明治９年（１８７６）、大蔵少丞となる。

佐賀藩

郡　長正［こおり　ながまさ／1856-1871］（会津武家屋敷提供）
会津藩家老萱野権兵衛の次男。父・権兵衛が戊辰戦争での会津藩の責任を一身に背負い、明治２年に切腹したことから、母の姓「郡」を名乗っていた。会津松平家の斗南転封後の14歳の時、学力優秀だった長正は小倉藩の育徳館（福岡県豊津町）に留学。この時、食事の不満を手紙で母に訴えたところ、母から叱責された手紙を小倉藩の学友に見られ、ついに嘲笑される結果となってしまった。それから５日後の長正16歳の誕生日の日、小倉藩と旧会津藩の対抗試合が小笠原忠忱の臨席のもと行われた。大将をつとめた長正は５人を破り、勝利をおさめたのち、切腹して果てた。

横山主税常守［よこやま　ちからつねもり／1847-1868］（会津武家屋敷提供）
会津藩家老。慶応３年（1867）、徳川昭武遣仏使節団に随行。戊辰戦争の会津城攻防戦では若年寄に任ぜられ、白川口防衛の副総督となる。５月１日、白河城外稲荷山の戦いで戦死する。写真は、パリで撮影されたもの。

中岡慎太郎（北川村立中岡慎太郎館蔵）
[なかおか　しんたろう／1838-1867]
武市半平太の下で学び、土佐勤王党が結成されるとこれに投じた。後に脱藩し、以後、坂本龍馬とともに薩長の同盟を画策。慶応3年（1867）陸援隊を組織し、薩土間に倒幕の密約を成立させるが、同年11月、坂本龍馬とともに京都近江屋で暗殺された。写真は慶応３年暗殺前に大坂屋与兵衛が撮影したもの。

土佐藩

山内容堂（港区立港郷土史料館蔵）
[やまのうち　ようどう／1827-1872]
幕末の土佐藩主。嘉永元年（1848）藩主の座に就くと、吉田東洋を登用して、藩政改革に着手。幕政にも参画して、一橋慶喜の将軍への擁立を画策。井伊直弼によって謹慎を命じられるが、のち復帰して公武合体論を推進した。慶応3年（1867）後藤象二郎の進言により、徳川慶喜に大政奉還を建言して、これを実現させた。酒を好み鯨海酔侯と称した。

近藤長次郎［こんどう　ちょうじろう／1838-1866］（高知市立高知市民図書館寄託）
高知城下に生まれ、川田小龍に師事。のちに坂本龍馬とともに、神戸海軍伝習所に学ぶ。元治2年（1865）長崎で亀山社中が結成されるとこれに加盟し、ユニオン号購入に尽力するが、同志に内密に英国への渡航を計画した事から切腹した。

岩崎弥太郎（三菱史料館蔵）
［いわさき　やたろう／1834-1885］
三菱財閥の創始者。慶応３年(1867）土佐藩の商館開成館の長崎出張所、土佐商会の主任に登用され、資金面で海援隊の便宜を図る。明治に入って、土佐藩との合弁で九十九商会を設立。後に政府から船舶の払い下げを受け、三菱商会として海運業に乗り出し、後の三菱財閥の礎となった。

後藤象二郎［ごとう　しょうじろう／1838-1897］（港区立港郷土史料館蔵）

土佐藩士。吉田東洋は義理の叔父。山内容堂に重用されて藩政の中枢を握り、慶応元年（1865）には土佐勤王党を弾圧。同三年、坂本龍馬の「船中八策」によって容堂に大政奉還の意義を説き、将軍徳川慶喜に建言させた。維新後は新政府で要職に就くが、征韓論に敗れて下野。自由党の設立に参画するとともに再び政府の中枢に復帰した。

坂本龍馬 ［さかもと　りょうま／1835-1867］（三吉治敬氏蔵・米蔵・慎蔵・龍馬会資料管理）
土佐郷士。文久元年(1861)土佐勤王党に参加。翌年脱藩。勝海舟に学び、神戸海軍操練所設立に尽力。慶応元年（1865）長崎で亀山社中（のち海援隊）を結成。翌年には薩長同盟の締結を成功させた。同三年には「船中八策」によって後藤象二郎とともに藩を動かし、大政奉還を実現させることになったが、同年 11 月、京都近江屋で、陸援隊長中岡慎太郎とともに幕府見廻組に暗殺された。

北代忠吉（港区立郷土資料館蔵）
[きただい　ただきち／?-1908]
郷士。土佐勤王党が結成されるとこれに参加。戊辰戦争では振遠隊とともに、新潟、秋田方面で戦った。維新後は新政府の要職を歴任した。

大橋慎三（佐川町立青山文庫蔵）
[おおはし　しんぞう／1836-1872]
郷士。田中光顕の盟友。土佐勤王党に加わり、その後脱藩。慶応３年（1867）田中とともに陸援隊に入り、また同年の高野山の挙兵に加わる。

鳥羽謙三郎［とば　けんざぶろう／1839-1876］（佐川町立青山文庫蔵）
土佐勤王党に加盟。文久３年（1863）上京して各地の志士を知るが、帰郷後勤王党弾圧に遭い、謹慎ののち投獄される。戊辰戦争では松山方面での戦いに参加。

田中光顕［たなか　みつあき／1843-1939］（佐川町立青山文庫蔵）
郷士。武市半平太に師事して、土佐勤王党に加盟。元治元年（1864）脱藩して大坂市中の攪乱をはかるが、新選組に追われ十津川に潜伏する。慶応3年（1867）陸援隊が結成されるとこれに参加。大橋慎三とともに副長を務める。維新後は新政府の陸軍少将や元老院議官、会計検査院長、宮内大臣など要職を歴任した。

松前勘解由と従者（松前町郷土資料館蔵）
［まつまえ　かげゆ／（？-1868）］
松前藩の家老。名は崇効。安政元年（1854）4月、米国・ペリー艦隊の箱館来航に際して応接役を務める。戊辰戦争のおり、勤王派の政変で職を追われ、慶応4年（1868）8月3日、自刃する。エリファレッド・ブラウン・Jr 撮影（ペリー艦隊随行員）

松前藩

松前崇広（松前町郷土資料館蔵）
[まつまえ　たかひろ／1829-1866]
幕末の松前藩主。北方の海防強化を重視して、安政元年（1854）砲台を備えた近代的な松前城（福山城）を築城。その後、寺社奉行や老中格、海陸惣奉行、陸海軍総裁を経て老中となるが、勅許を得ずに兵庫開港を決定したため更迭され、藩地で謹慎、ほどなく病没した。

島津忠義（港区立港郷土資料館蔵）
[しまづ　ただよし／1840-1897]
藩主。叔父島津斉彬が没すると、藩主の地位を継ぐ。父久光の後見を受けつつ、藩政改革にあたった。死ぬまで丁髷を残した人物。

伊集院吉左衛門（港区立港郷土資料館蔵）
[いじゅういん　きちざえもん／不詳]
「薩藩 明治元巡察ナリ」の裏書のみ。『写真集 近代日本を支えた人々』（港区立港郷土資料館）では、垂水島津家家老伊集院吉左衛門。

前田弘安（正名）（港区立港郷土資料館蔵）
[まえだ　こうあん（まさな）／1850-1921]
長崎で坂本龍馬と親交を深めた。フランスへ留学し、普仏戦争下の状況を見る。帰国して農商務省大書記官に任官。『興業意見』を編纂して、明治政府の産業振興策に指針を与えた。

薩摩藩

小松帯刀（尚古集成館蔵）

こまつ　たてわき／1835-1870]

薩摩藩家老として島津久光を補佐。西郷隆盛、大久保利通らの改革派を育て、重用。元治元年（1864）禁門の変では薩摩藩兵を率いて長州軍を破るが、その後長州との関係を修復、慶応２年（1866）薩長同盟を実現させ、大政奉還への道を拓いた。明治新政府では参与兼外国事務掛、外国官副知事など歴任、明治３年（1870）病没した。

大久保利通［おおくぼ　としみち／1830-1878］
安政５年（1858）藩主島津斉彬が死去した翌年、藩内の尊王攘夷派を結集して、大老井伊直弼の暗殺を計画するが、藩主を継いだ忠義の説得で未遂に終わる。このことで国父島津久光に知られて藩政に登用され、以降公武合体運動を展開する。慶応２年（1866）薩長同盟締結後、幕府の長州征伐の要請をけり、翌年末には王政復古のクーデターを成功させた。以後、諸施策を断行、新政府の基礎を固めた。盟友西郷隆盛とは征韓論をめぐって対立。西郷下野後の佐賀の乱、西南戦争などを鎮圧したが、明治11年（1878）暗殺された。

島津久光（福井市立郷土歴史館蔵）
[しまづ　ひさみつ／1817-1887]
薩摩藩主島津斉彬の異母弟。安政５年（1858）斉彬の死去に伴って長男忠義が藩主を襲封するとその後見として藩政を動かし、国父とも呼ばれた。公武合体論を信奉するが、後に徳川慶喜と対立する。慶応２年（1866）には薩長同盟を締結し、倒幕を現実化させた。維新後の廃藩置県には不服で、新政府には不信感を持ち、鹿児島に隠棲した。西南戦争では中立的立場に立って休戦を提案したが容れられなかった。

鹿児島城（国際日本文化研究センター蔵）
鶴丸城とも呼ばれる平城で、慶長18年（1613）島津家久によって築城された。天守もない簡素な城郭だが、国境に設けた多くの外城で弱点をおぎなった。幕末には周辺に台場を築き、大砲を備えた。本丸跡に「鹿児島歴史資料センター黎明館」が建つ。

井上馨［いのうえ　かおる／1835-1915］（港区立港郷土史料館蔵）
藩内で尊王攘夷論を唱え、文久２年（1864）高杉晋作らと英国公使館焼き討ちを実行。翌年伊藤博文らと、密かに英国に留学するが、１年後、四ヵ国軍下関砲撃の報を受けて帰国。講和調停に奔走するとともに、薩長連合の実現に邁進する。維新後、新政府の要職を務め、第一次伊藤内閣の外相として、不平等条約の改正などを目指したが、その極端な欧化政策が批判を浴びた。政界、実業界に影響力を保ち、興津の別邸で病死した。

長州藩

伊藤博文（山口県立山口博物館蔵）

［いとう　ひろぶみ／1841-1909］

松下村塾に学び、文久3年（1863）井上馨らとともに密かに英国へ遊学。翌年四ヵ国軍下関砲撃の報を受けて帰国し、講和実現に尽力する。高杉晋作の下関挙兵にも応じ、以後倒幕運動に邁進。新政府では重要な役職を務め、大久保利通暗殺後は実権を握り、明治18年（1885）初代内閣総理大臣となる。以後、日清戦争、日露戦争を経て韓国を併合。明治42年（1909）、朝鮮独立運動家安重根によって、ハルビン駅頭で射殺された。

伊藤博文

（港区立港郷土資料館蔵）

毛利敬親・元徳父子（港区立港郷土資料館蔵）
[もうり　たかちか／1819-1871・もとのり／1839-1896]
毛利敬親（左）は幕末の長州藩主。村田清風を登用して藩政改革、兵制改革を進め、攘夷運動から討幕に進む。明治２年（1869）薩摩・土佐・肥前佐賀藩と諮り、版籍奉還を建言した。元徳はその養子で父とともに討幕に尽くし、版籍奉還後、山口藩知事を務める。

木戸孝允（上・港区立港郷土資料館蔵／右・山口県立山口博物館蔵）
［きど　たかよし／1833-1877］
江戸遊学後、藩内の攘夷派をまとめ、藩の方針を公武合体から攘夷へと転換させた。禁門の変後、追われる身となったが、慶応２年（1866）薩長同盟を結び、倒幕の実現を図った。

山田顕義（山口県立山口博物館蔵）
[やまだ　あきよし／1844-1892]
松下村塾に学ぶ。戊辰戦争では五稜郭陥落に功があった。新政府では岩倉使節団に随行。佐賀の乱、西南戦争を鎮圧し中将に昇進の後、司法大臣となる。また日本法律学校（現日本大学）の創設者としても知られる。

前原一誠（北海道大学附属図書館蔵）
[まえばら　いっせい／1834-1876]
松下村塾に学び、長崎に遊学、倒幕運動に邁進した。高杉晋作の下関挙兵にも関わり、藩の方向を倒幕に向かわせた。新政府では要職に就くが、下野して萩に戻る。明治９年（1876）熊本に神風連の乱が起こると、これに呼応して挙兵したが敗れ、処刑された。

広沢真臣（福井市立郷土歴史博物館蔵）
[ひろさわ　さねおみ／1833-1871]
若くして藩政に関わり、藩論の分裂から一時獄中にあったが、出獄後、対幕府交渉を重ねるとともに、薩長同盟の実現に力をつくした。維新後新政府に出仕。要職を歴任するが、明治４年（1871）暗殺された。写真は内田九一の撮影による。

山県有朋（山口県立山口博物館蔵）
[やまがた　ありとも／1838-1922]
松下村塾に学び、奇兵隊に参加し軍監となる。戊辰戦争では北陸道鎮撫総督兼会津征討総督の参謀をつとめ、倒幕後は徴兵制の施行など陸軍の基礎を築き、明治 18 年（1885）内務相となる。その後二度、総理大臣をつとめ、その間、陸軍大将となり、日清戦争、日露戦争を主導した。藩閥政治家の典型とされる。

米沢藩

雲井龍雄（市立米沢図書館蔵）
[くもい　たつお／1844-1870]
武力倒幕を好まず、薩長独裁に抵抗するが、新政府により斬首された。

新発田藩

溝口直正（新発田市教育委員会蔵）
[みぞぐち　なおまさ／1855-1919]
慶応3年（1867）、12歳で藩主となる。戊辰戦争では奥州越列藩同盟を破棄して新政府軍に参陣する。

佐賀藩

本野周造（港区立港郷土資料館蔵）
[もとの　しゅうぞう／生 1836-1909]
佐賀藩士。緒方洪庵やフルベッキに学ぶ。新政府の要職を歴任後、読売新聞の創業に従事。

大村藩

大村純熙（大村市教育委員会蔵）
[おおむら　すみひろ／1825-1882]
幕末の肥前大村藩主。藩政改革を主導し、西洋軍制を導入した。藩論を勤王に統一して東征軍に属した。

忍藩

吉田庸徳（行田市郷土博物館蔵）
[よしだ　ようとく／1844-1880]
忍藩士吉田八十五郎の子。忍藩の田中算翁から数学を、芳川春濤に英語を学んだ。その後、江戸で大鳥圭介に洋学を学ぶ。文久元年（1861）に忍藩藩校培根堂教授となった。維新後、上京し本所に学校設立を計画するも病死。主な著作に『西洋度量早見』『洋算早学』『軍算階梯』『算術教科書』等がある。

洋式調練服の忍藩士
（行田市郷土博物館蔵）
幕末期、忍藩松平家は外国船に備え、江戸湾・房総半島沿岸の防備を担った。そのためか慶応３年（1867）忍藩は軍制を西洋式に改編して軍事力の強化をはかる。写真に見える軍服袖の子持ち筋は階級を示す。

松代藩

佐久間象山（真田宝物館蔵）
[さくま　しょうざん／1811-1864]
松代藩士。江川太郎左衛門に砲術を学ぶ。門人に勝海舟・吉田松陰・小林虎三郎などがいる。徳川家茂に招かれて入洛し、公武合体・開国を主張。京の三条木屋町で攘夷派に狙われ暗殺される。

桐生作善（盛岡市・村田 明氏蔵）
[きりゅう　さぜん／ 1811-1872]
もとは奥寺八左衛門の弟隼太。左膳、邑宰、布尺、家卿、号として笠庵を名乗った。元治元年（1864）、桐生蔀が亡くなったため、その跡を継いだ。納戸役、持筒頭、御側目付、御側勘定奉行、側用人兼花巻城代等を歴任。維新後、盛岡藩参政となる。俳句や書にも通じており、米庵流書家としても知られている。墓地は盛岡市大慈寺にある。

野辺地尚義（盛岡市・村田 明氏蔵）
[のへぢ　たかよし／1825-1909]
安政３年（1856）、盛岡藩を脱藩し、江戸の大村益次郎塾に通い、勝海舟、杉田玄瑞、大鳥圭介らと交遊を持つ。その後、大村との関係で桂小五郎や伊藤俊輔らに蘭学を教授した。京都や長崎を転々とし、維新後、京都府に出仕。外国語学校の監督をつとめ、明治３年、京都女紅場（女学校）の主管となった。明治14年（1870）、東京芝の紅葉館の創立にかかわり、その支配人となった。

川口月村（盛岡市・村田 明氏蔵）
[かわぐち　げっそん／1845-1904]
円山四条派の画家で。名は宣寿。盛岡藩の画家川口月嶺の子。花鳥画に優れ、その彩色は研雅鮮麗と評された。明治３年、外国船が出入りする函館に、書画の需要を求め移住し、開拓使お抱えの画家として測量図や路線図を作成した。帰郷後、内国勧業博覧会、内国絵画共進会、全国絵画共進会等に出品し、数多くの入賞を果たした。

中島 登（白虎隊記念館提供）
[なかじま　のぼり／1838-1887]
八王子千人同心所属後、元治元年（1864）新選組に入隊。会津戦争を経て、箱館で降伏する。

谷万太郎（釣 洋一氏蔵）
[たに　まんたろう／1835-1886]
備中松山藩士。文久3年（1863）ころ新選組に加盟し池田屋事件・ぜんざい屋事件に参加。

新選組

田村銀之助（釣 洋一氏蔵）
[たむら　ぎんのすけ／1856-1924]
磐城平藩出身。慶応3年（1867）兄の一郎・録四郎とともに12歳で入隊。鳥羽･伏見、会津、箱館と移動。箱館戦争後は明治政府のもと陸軍士官として西南戦争に参戦した。

島田　魁（釣 洋一氏蔵）
[しまだ　かい／1828-1900]
美濃大垣藩出身。新選組士。元治元年（1864）の池田屋事件に参加。鳥羽・伏見、勝沼の戦いから会津戦争、箱館戦争の硝煙弾雨を潜り抜ける。明治33年3月没す。享年73歳。

近藤 勇［こんどう　いさみ／1834-1868］（港区立港郷土資料館蔵）
多摩郡上石原村（調布市）の出身。天然理心流近藤周助の試衛館に入門し、のち養子となる。浪士組に参加し京都壬生に滞在。後に新選組の局長として隊をまとめ、元治元年（1864）の池田屋事件や禁門の戦いに参戦して軍功をたてる。その後、反対勢力のために銃創を負い、大坂で療養のため鳥羽・伏見の戦いは不参加のまま、海路を富士山丸で江戸へ移動。甲陽鎮撫隊を組織して甲府をめざすが、勝沼柏尾の戦いで敗北。流山で投降するが、後に板橋宿で斬首され、首は京都三条河原にさらされた。写真は慶応年間（1865-68）頃、内田九一撮影。

戊辰戦争――一年五ヶ月に及ぶ激しい戦い！

岩下哲典

会津若松城（A.ベルタレッリ市立版画コレクション／会津若松市）
戊辰戦争で被弾し、破損が著しく荒廃した会津若松城天守である。
慶勝関係写真群に同じアングルの写真がある。

崩れて落ちかかった破風。多くの銃弾痕が残る白壁。戊辰戦争で多くの犠牲者がでた会津若松城である。

籠城の主松平容保《まつだいらかたもり》の実兄徳川慶勝《とくがわよしかつ》（旧尾張藩主）の手元に残された会津若松城のコロジオン湿板写真である。既に知られた、同じ時期の若松城の写真と微妙にアングルが異なる。慶勝がどのようにこの写真を入手したのか、慶勝がこの写真にどんな想いを抱いたか、それらを語る史料はいまのところない。「兄としての無念さや申し訳なさ、殿様であればこそ引き受けねばならなかった過酷な運命への思いなど、慶勝の心の奥を、われわれに知らせてくれる」（和泉宏一郎「徳川慶勝の生涯」NHKプラネット中部編『写真大名・徳川慶勝の幕末維新』NHK出版、二〇一〇年）ともいえなくない。それほど、戊辰戦争は日本人の心に深く刻まれた戦争である。

慶応四年（一八六八）一月、鳥羽・伏見で衝突した、新政府軍と旧幕府軍の戦いは、新式銃を使いこなし、錦旗で士気のあがった新政府軍の圧倒的勝利に終わった。しかし、大坂湾には旧幕府海軍が温存されていたし、旧幕府軍の最高権力者徳川慶喜《よしのぶ》は、海軍を伴って江戸に下っていた。逆賊になったとはいえ、多くの直轄領を保持し、直轄軍隊である旗本も数多あり、関

東や東北には徳川に心を寄せる大名たちもまだまだ多数存在した。
ところで、京都に最も近い譜代大名は井伊家である。本来、朝廷を監視し、西国大名の備えとして置かれていた、徳川最強の譜代井伊家は、京都守護職を会津藩主が勤めていることに不満を持っていた。また、桜田門外の変以来の幕府への不信感もあって、大政奉還後には朝廷に近づき、鳥羽・伏見の戦いでは、新政府の後方支援にあたり、大垣方面への出兵では新政府側先鋒となった。
さらに、大垣の先の名古屋城主の徳川慶勝は、京都で新政府の議定になっており岩倉具視《いわくらともみ》からなかば脅しにも似た言葉を聞かされた（太田尚宏「青松葉事件と勤王誘引」同上書）。「国元へ退いて慶喜の加勢にまわってもかまわない。ただし、新政府軍に敗れたあと助命嘆願」しても受け入れないと。岩倉も必死だったのだ。
慶勝は勤王に決断、周辺諸侯の誘引を請合った。名古屋に帰城し、佐幕傾向の一部家臣らを切腹させ（青松葉事件）、三河・遠江・駿河・美濃・信濃などの大名・旗本領に家臣を派遣し勤王誘

開陽丸（開陽丸青少年センター蔵）
オランダで新造された大砲26門搭載する新鋭艦。幕府が発注した軍艦である。慶応3年（1867）3月26日、榎本武揚はじめ内田恒次郎（正雄）、田口良直、沢貞説らが廻航して横浜に到着した。

引を行わせた。尾張藩の誘引に三河譜代の岡崎藩、吉田藩、西尾藩と次々と雪崩を打って新政府側についた。かなり強引な説諭もあって、一ヶ月で東海道筋は新政府側についたという。こうして大総督有栖川宮《ありすがわ》は安全に江戸に向かうことが出来たのである。

東海道から江戸までさしたる抵抗もなく新政府軍が進撃できたのは、こうした縁の下の力持ち的な諸藩の働きがあったのである。徳川御三家の慶勝が、いち早く勤王に舵を切ったのは、藩祖義直以来の勤王の志や早くから海外事情の研究をしていたことから、外国勢力の介入を防ぎたかったことなどがあげられるが、いづれにしても大局から決断したものと思われる。

しかし、江戸はなかなかそうはいかなかった。もちろん、慶喜は謹慎し、天璋院《てんしょういん》や静寛院宮《せいかんいんのみや》、徳川茂栄《もちはる》（茂徳《もちなが》）、山岡鉄舟《やまおかてっしゅう》の助命嘆願、勝海舟《かつかいしゅう》の交渉などによって、徳川家の存続がゆるされ、四月江戸城は無血開城された（岩下哲典『徳川慶喜　その人と時代』岩田書院、一九九九年）。しかし、納得のいかない幕臣らは、五月上野寛永寺に立て籠もって（彰義隊）、新政府軍と戦い、また、佐幕的な大名に加勢などして、会津若松や庄内、さらに箱館などに転戦した。一方、局外中立を目指した河井継之助率いる越後長岡藩にも新政府軍は容赦はなかったのである。七月には長岡が陥落し、さらに九月には松平容保《まつだいらかたもり》らの立て籠もった会津若松城も降伏した。

ところで、榎本武揚《えのもとたけあき》率いる旧幕府海軍は、八月、品川沖を脱出し、仙台等各地で転戦している幕臣等を救助しながら、蝦夷地箱館に上陸。新政府軍を青森方面に追いやった。その一方で、蝦夷地開拓を新政府に嘆願したが全く容れられなかった。榎本は、得意のオランダ語と国際法の知識を活用して箱館駐在の外国領事相手に外交交渉を行い、新政府と同等の権利を持つ「交戦団体」の地位を得ながら存続をはかった。しかし、江刺《えさし》で有力軍艦開陽を失い、実効力を喪失した。その結果、「事実上の政権」（反乱軍）に降格となったことで、諸外国が新政府側に支援を行うことが可能になり、かつて幕府がアメリカに注文したストーンウォール号が新政府に引き渡されたことは決定的だった。

さらに榎本らは宮古沖海戦で失地回復を図っ

て、ストーンウォール号の奪取を目論んだが失敗し、大きなダメージを受けた。ついに明治二年五月新政府の総攻撃が行われ激戦の末、榎本らは新政府軍に降伏した。

ここに一年五ヶ月に及んだ戊辰戦争は終結した。こうして全国の軍事統率権は天皇に一元化された。さらにその一ヶ月後には版籍奉還が行われ、全国二六二藩が版（所領）と籍（人民）を天皇に差し出した（松尾正人『維新政権』吉川弘文館、一九九五年）。さらに明治四年、廃藩置県が断行され、かつて徳川将軍が持っていた、軍事権、行政権はすべて天皇の新政府に吸収されたのである。

ところでこの戊辰戦争では、新政府側の犠牲者は、新政府により手厚い葬儀が行われ、招魂社、のちの靖国神社に葬られたが、旧幕府側は葬ることも許されず、野ざらしのままであった。また生き残っても逆賊として厳しい処分が下された。特に旧会津藩は、藩地を召し上げられ、寒風吹きすさぶ下北半島の斗南《となみ》に移住させられ、塗炭の苦しみを味わされた。のちに藩士たちは会津に戻ったが、新政府への恨みは根深く、会津人にとって戊辰戦争の影響は大きかった。しかし、こうした武力占領と軍政、すなわち幕領等の接収と直轄県の設置がなければ、明治新政府の権力は確立しなかったといえるだろう。外国勢力に対峙できる近代的国家の樹立にはなお時間がかかったと思われる。悪くすれば、植民地化の危機もあったとも思われ、日本の近代化には大きな犠牲があったことに思いを致すべきである。無血革命などでは全くないのだ。

ただ、なんにせよ戦争はしないに越したことはない。会津若松城での惨状の写真を見るにつけ、また若い命を散らせざると得なかった白虎隊の飯盛山の墓地を参拝するたびに、そう思うのは私ひとりではあるまいと思う。

戊辰戦争従軍兵士の湿版写真

（能勢正子氏蔵／鹿児島県歴史資料センター黎明館寄託）

慶応4年／明治元年（1868）1月3日にはじまる、鳥羽・伏見の戦いから東北戦争、箱館戦争と続いた戊辰戦争に従軍、凱旋した兵士の姿である。日本で最初の陸軍大尉（3人）の中のひとりらしい。

薩摩藩

戊辰戦争従軍兵士の湿版写真
（個人蔵／鹿児島県歴史資料センター黎明館寄託）
立ち姿の兵士は、拳銃のホルスターを斜めに掛け、首からぶら下げた革ひもに繋げた拳銃を握っている。傍らでひざまずいて鉄砲と刀を持つのは従者か。

戊辰戦争出征の薩摩藩兵たち（日置島津家蔵／尚古集成館寄託）
慶応４年（1868)、大坂の本町橋詰の中村写真場で撮影された記念写真。薩摩藩兵士の特徴である黒木綿の筒袖・詰襟５ツ釦、同質の裁付袴である。また、中隊司令士は白帯をしていた。

「戊辰戦争絵巻」に描かれた薩摩藩兵（個人蔵）

戊辰戦争出征の薩摩藩兵たち（日置島津家蔵／尚古集成館寄託）
床の敷物から、右の写真と同じく大坂の本町橋詰の中村写真場で撮影された記念写真。軍服の中に最新の洋シャツ、拳銃の入ったホルスターを身に下げるなど、彼らの得意満面ぶりがうかがわれる。

「戊辰戦争絵巻」に描かれた薩摩藩の砲隊（個人蔵）

中原猶介（長崎大学附属図書館蔵）
[なかはら　ゆうすけ／1832-68]
慶応2年（1866年）、長崎にてA.F.ボードイン撮影。薩摩藩士。薩摩藩の集成館で蒸気船や切子の製造に関わった後、江戸に出て江川胆庵に砲術を学び、江川塾の塾頭になる。帰藩後、海軍の育成や砲台の建設に尽力するが、戊辰戦争のとき柏崎で戦死する。生きていれば西郷隆盛・大久保利通に次ぐ逸材になったであろうと評されている。写真は薩摩藩を代表してボードイン家を訪問していた時に撮影されたものである。

戊辰戦争出征の島津《しまづ》珍彦《うずひこ》と薩摩藩兵たち（島津孝久氏原板所蔵）
写真中央で洋傘を持って椅子に腰掛けているのが島津珍彦。珍彦は島津久光の子。一門家筆頭の重富家を相続する。夫人は典子（島津斉彬の四女）、三女は三菱財閥岩崎小弥太に嫁ぐ。慶応4年（1868）、大坂の本町橋詰の中村写真場で撮影。

奇兵隊士（東行庵提供）
明治２年（1869）９月、下関裏町で撮影。右の武廣遜は北越戦争時、奇兵隊６番隊副隊長をつとめており、旗は同隊のものとと思われる。奇兵隊は文久３年（1863）に下関の豪商・白石正一家において高杉晋作の指揮下に結成された。兵士の半数以上が農商民からの有志で編成された。その後、長州の戦いに参加。明治２年（1869）の兵制改革により解体された。これを不満とする隊士らが騒動を起したが鎮圧された。左は６番隊長山根辰蔵。

長州藩

奇兵隊士（東行庵提供）
帽子を被り、懐中時計を見せているのが奇兵隊士武廣遜（たけひろ ゆずる）。武廣遜は文政３年（1863）、前田砲台で外国と戦い、慶応２年（1866）の第２次長州征伐では小倉口で戦う。明治元年（1868）、越後へ従軍、明治７年陸軍大尉となり、明治 10 年の西南戦争に従軍、熊本県木の葉山で戦死した。明治２年９月、下関裏町で撮影。

萩城天守（山口県文書館蔵）
明治初期の撮影。慶長 13 年（1608）に建築された天守は、惜しくも明治4年から7年にかけて、天守を含むすべての建物が払い下げられた際に取り壊された。

上田藩

松平忠礼（左）と上田藩洋式軍楽隊（上田市立博物館蔵）
慶応４年／明治元年（１８６８）、戊辰戦争に出征する前に撮影された記念写真。忠礼この年18歳。

松平忠礼（上田市立博物館蔵）
[まつだいら　ただなり／1850-1895]
第７代上田藩主。慶応２年（1866）慶喜名代として出陣し、北越・会津戦争を戦う。明治５年（1872）アメリカ留学を果たし、帰国後は内務省や外務省に務めた。慶応４年／明治元年（1868）撮影。

軍馬に乗る松平忠礼（上田市立博物館蔵）

慶応4年／明治元年（1868）、戊辰戦争では官軍として北越戦争に参陣する。維新後は上田藩知事となるが、廃藩置県により辞職し、明治5年アメリカに留学する。帰国後は貴族院議員を務める。

西吉十郎（東京大学史料編纂所蔵）
[にし　きちじゅうろう／ 1835-1891]
通弁御用頭取として活躍した。戊辰戦争では、外国奉行支配組頭として大坂城内に入っていることが知られている。

フランス軍装の徳川慶喜（茨城県立歴史館蔵）
〔とくがわ　よしのぶ／1837-1913〕
慶応3年（1867）撮影。徳川慶喜の将軍時代の肖像。この年、フランスから陸軍参謀大尉ジュール・シャノワヌを長とする14名の軍事顧問が来日した。将校4名、下士官10名の軍事顧問は幕府軍のフランス式軍隊をめざした。この時、慶喜には将官の制服や胸甲騎兵の兜と胸甲、馬具一式が贈られた。

幕　府

馬上の徳川慶喜
（茨城県立歴史館蔵）
慶応3年（1867）撮影。フランスのナポレオン3世から贈られた馬具一式や将官の制服を身につけている。

蜂須賀茂韶（徳島市立徳島城博物館蔵）
[はちすか　もちあき／1846-1918]
幕末の徳島藩主。明治維新後オックスフォード大学に留学。スペイン公使、東京府知事、貴族院議長、文部大臣、日本歴史地理学会長などを務めた。

徳島藩

松森胤保 (山形県・松森家蔵/盛岡市・村田 明提供)

[まつもり　たねやす/1825-1892]

庄内藩士。鶴岡百人町(鶴岡市)で生まれる。文久3年(1863)支藩松山藩付家老となり庄内戦争に参戦。動植物・物理・化学など他方面の研究で数多くの著書がある。

庄内藩

長岡藩

河井継之助（長岡市立中央図書館蔵）
[かわい　つぐのすけ／1827-1868]

斎藤掘堂、古賀茶渓、山田方谷に学ぶ。郡奉行、町奉行兼任、年寄役などをつとめ、当時の最先端の兵器を購入、戦いに備えた。戊辰戦争では中立の立場をとろうとしたが叶わず、抗戦を余儀なくされた。奪われた長岡城を一旦奪還するなど、長岡軍の志気は高かったが、結局陥落し、この戦いで受けた傷がもとで、会津へ逃れる途中で没した。

会津藩

松平容保（会津若松市役所蔵）
[まつだいら　かたもり／1835-1893]

幕末の会津藩主。文久２年（1862）京都守護職に就任。以後、幕藩体制を維持すべく、公武合体を進める。禁門の変で長州軍を撃退し、戊辰戦争では奥羽越列藩同盟の盟主として官軍に抵抗したが敗れた。戦後、鳥取池田家預かりとなって謹慎を命じられたが、明治５年（1872）に許され、のち日光東照宮宮司となった。

杉浦誠（国文学研究資料館蔵／盛岡市・村田 明提供）
[すぎうら　まこと／1826-1900]
幕臣。文久2年（1862）目付を務め、文久3年から元治元年（1864）にかけて目付筆頭。最後の箱館奉行として新政府の箱館府知事清水谷公考に五稜郭を引き渡すまで務める。後に開拓使箱館支庁の主任などを務め当地のインフラ整備に尽力した。

箱館の榎本政権の幹部たち

前列左から荒井邦之助、榎本武揚、後列左から小杉雅之進、榎本対馬、林董三郎、松岡磐吉。〔明治元年（1868）田本研造撮影〕

中島三郎助

[なかじま　さぶろうすけ／1820-1869]

（中島家蔵・浦賀コミュニティセンター提供）

ペリーが浦賀に来航した時の浦賀奉行所与力。ペリー側には「副奉行」と名乗った。その後長崎海軍伝習所に学び、元治元年（1864）軍艦頭取出役をつとめる。慶応4年（1868）には榎本艦隊の一員として江戸を脱出して箱館に渡り、箱館戦争を戦う。激しい攻防のあった千代ヶ岡陣屋の戦いで、長男、次男らとともに、壮絶な戦死を遂げた。浦賀東雲寺に、自ら指示した墓石がある。中島の命日である5月 15 日は、浦賀と函館で追悼が今日でも行われている。

人見勝太郎（函館市中央図書館蔵）

[ひとみ　かつたろう／1843-1922]

慶応３年（1867）幕府の遊撃隊に加わり、鳥羽伏見の戦いで敗れた後、江戸に入り、官軍との徹底抗戦を主張。その後江戸を脱出して各地で転戦。明治元年（1868）箱館に渡って榎本武揚軍とともに戦った。維新後は茨城県令を務めたほか、実業界でも名を成す。

大関増裕（『大関肥後守増裕公略記』所収）

[おおぜき　ますひろ／1838-1867]

黒羽藩主。文久元年（1861）、遠州横須賀藩西尾家から大関家に養子に入って家督を継ぎ、翌年には幕府の講武所奉行、陸軍奉行に抜擢され、歩兵・騎兵・砲兵からなる幕府西洋式軍隊の創設の基礎を築いた。その後、海軍奉行となり、在職中に開陽丸を受領し甲鉄艦を購入させている。慶応３年（1867）12 月、黒羽に帰城した際の、遊猟中に病を発して没した。

土方歳三（函館市中央図書館蔵）
[ひじかた　としぞう／1835-1869]
武蔵国石田村（日野市）に生まれる。近藤勇と同じく、近藤道場で天然理心流を学び、文久３年（1863）近藤とともに浪士隊の募集に応じ、上洛して洛中を警備。新選組副長となる。鳥羽伏見の戦いに敗れた後も、甲州から下野、会津へ転戦。仙台から箱館に脱出して、榎本武揚軍と合流して五稜郭で戦い、一本木関門（若松町）で戦死を遂げた。

箱館市街遠望（函館市中央図書館蔵）
明治中期の撮影。安政元年（1854）、日米和親条約により補給港、同６年には日米修好通商条約によって蝦夷地初の国際貿易港として開港、外国人居留地が設置されて以来、箱館は歴史の表舞台に登場する。箱館戦争を経て明治２年、箱館を函館と改称する。

五稜郭箱館奉行所（函館市中央図書館蔵）
明治初期の撮影。幕末期、幕府は箱館開港にともない、箱館奉行所を西洋式の縄張で築城。これが五稜郭である。五つの稜堡を星型に配置したほぼ中央に箱館奉行所は建てられ、五稜郭の中心的建物であった。最近復元された。

箱館戦争の榎本軍とフランス軍の将兵（函館市中央図書館蔵）
明治２年（1869）撮影。幕府軍に軍事指導していたフランス軍将兵と箱館の榎本軍。前列左・細谷安太郎、ブリュネ大尉、松平太郎、田島金太郎、後列左・カズヌーヴ、マルラン、福島時之助、フォルタン。

異国での記録——外交使節を中心に

岩下哲典

写された最初の日本人
(川崎市市民ミュージアム蔵)
岩蔵。一八五一年一月頃
H・R・マークス撮影。

現在確認されているもので、最初に海外で撮影された日本人は、「いわぞう」「しんぱち」「こめぞう」らである(斎藤多喜夫『幕末明治　横浜写真館物語』吉川弘文館、二〇〇四年)。彼らは一八五〇年、嘉永三年、「栄力丸」で江戸を出港し遠州灘で遭難した。救助されたアメリカ船オークランド号の船上で、一八五一年H・R・マークスが撮影したものである。ペリー来航に先立つ二年前のことである。この一行は、サンフランシスコに到着、アメリカ生活をおくった。中には、彦蔵がおり、帰化してジョセフ・ヒコと名乗って日系アメリカ人第一号となった。彼らの写真は、日本人が進んでカメラの前にすわったものではないが、派遣先や留学先で進んで外国人写真師の操作する写真機に撮影された日本人も多かった。

そのなかで、特別な写真を撮ったのは福沢諭吉だ。普通は、一人だけか同じ日本人同士かで撮影する。福沢はサンフランシスコの写真館の令嬢とツーショットで納まっている。そしてそれを日本人仲間に見せたのは、ハワイを出港してからだという。ハワイを出港してしまうともはや同じような写真は撮影できない。アイデアマンの福沢らしい。しかし、当時の太平洋を越えてゆく船旅は、今日の比ではない。文字通り命がけだ。だから、異国での写真は、形見にも

福沢諭吉とアメリカ娘
（慶応義塾福沢諭吉研究センター蔵）

なりうる。異国で撮られた写真にはそうした想いで撮影されたものもあろう。

ここでは、異国で撮影された写真の背景として、幕末の幕府による海外派遣使節団について概観し（岩下哲典「幕末における幕府の海外派遣使節団」『世界を見た幕末維新の英雄たち』新人物往来社、二〇〇七年）、写真を鑑賞する際のよすがとしたい。（個別の使節団および留学生の詳細は本書塚越俊志氏の解説を参照されたい）

いわゆる「鎖国」下の近世日本では、法的に日本人の海外渡航は禁じられていた。もちろん外洋を航行可能な大船も製造が禁止されていたために技術的にも渡航は困難であった。しかし、和親条約や

ペリー神奈川上陸図
（横浜開港資料館蔵）
ハイネ原画によるサロニーの石版画。

安政の五カ国条約によって日本は開国・開市を余儀なくさせられた。ひとたび欧米の近代外交の枠組みに入った以上、幕府の役人たちも近代外交のルールを遵守するしかないことを学んでいった。その一つが海外派遣の幕府外交使節団なのである。

　初めて派遣されたのは、万延元年（一八六〇）の遣米使節団である。日米修好通商条約ではワシントンで批准書の交換を行うことを規定していた。それを行うことが目的だった。正使新見《しんみ》正興《まさおき》、副使村垣範正《むらがきのりまさ》、目付小栗忠順《おぐりただまさ》、随行幕臣一七人、従者五一人、賄方六人の総勢七七人。従者には、諸藩士一四人が含まれていた。安政七年（万延元年）正月にアメリカ軍艦ポーハタン号で横浜を出発し、ハワイ、サンフランシスコ、ワシントンに至り、批准書交換を行った。帰路はニューヨークからアメリカ軍艦ナイヤガラ号で喜望峰を経由、日本に戻ったのは万延元年九月であった。この使節の随行艦として、木村喜毅《きむらよしたけ》・勝海舟《かつかいしゅう》・中浜万次郎《なかはままんじろう》・福沢諭吉《ふくざわゆきち》が乗艦した咸臨丸が渡米した（前述福沢の写真はこの時撮影されたもの）。この使節団は、日本が近代の外交儀礼をこなして外交デビューを果たしたことや、また参加者が、後の近代国家建設に果たした役割を考慮すると、まさに特筆すべき使節団であった。

　次は、文久元年（一八六一）の遣欧使節団である。攘夷運動がますます盛んとなり、その対応に苦慮した幕府が、江戸・大坂の開市と兵庫・新潟の開港延期を交渉するために派遣した。正使竹内保徳《たけうちやすのり》、副使松平康直《まつだいらやすなお》、目付京極高朗《きょうごくたかあき》、合計三八人。約一年、フランス、イギリス、オランダ、プロシア、ポルトガルを回り、交渉と探索に従事した。その結果、自由貿易履行を条件に五年間の延期が認められた。なお、案件にかかわる交渉権と決定権が付与され、日本の近代外交史上、注目すべき使節団であった。また、明治期に言論人として活躍する福地源一郎《ふくちげんいちろう》や明治政府で外務卿、元老院議長等を歴任した寺島宗則も参加している。この使節の建言には海外留学の奨励があったことも重要だった。

　ほかにも通商や調査目的で上海に派遣された使節団がある。文久二年、元治元年（一八六四）、同二年、慶応三年（一八六七）の四次にわたっ

咸臨丸難航図（横浜開港資料館蔵）
咸臨丸の乗船員であった士官鈴藤勇次郎が描いた画。木村喜毅に贈ったもの。

て行われた。三次までは幕府直轄だが、四次は老中家臣の派遣で、調査目的の派遣団である。外交使節ではないが、幕府が上海を情報収集の拠点と考えていたことが興味深い。なお、第一次での参加者に長州の高杉晋作《たかすぎしんさく》、佐賀の中牟田《なかむた》倉之助《くらのすけ》、薩摩の五代友厚《ごだいともあつ》がいた。ただし、撮影された写真はほとんどない。

さらに、外交史上で注目される使節団として、文久三年末に派遣された遣欧使節団がある。これは、文久三年の八・一八クーデタで成立した一橋慶喜《ひとつばしよしのぶ》・松平容保《まつだいらかたもり》・松平定敬《さだあき》の政権が、攘夷で固まった朝廷に融和して、最大の貿易港横浜を閉鎖する政策を表明し、無理を承知で送り込んだ使節団である。正使は池田長発《いけだながおき》、副使河津《かわづ》祐邦《すけくに》、目付河田熙《かわだひろむ》、総勢三三人。結果は、最初のフランスとの交渉で当然の如く失敗したうえ、池田は下関で砲撃されたフランス軍艦への賠償・下関通航権の保障・関税の軽減などを約束して帰国した。幕府は、越権行為として関係者を処罰した。外交上の信義を重視するか、内政を重んじるか、難しい選択を迫られた結果、外交担当者が憂き目をみた一件である。ただ、これ以降、フランス外交は親幕府路線をとることになることでも画期的な使節団であった。なおまた、そのフランスと合弁で横須賀製鉄所建設にあたってフランス人の雇用や機械購入の交渉に当たったのが、慶応元年（一八六五）閏五月に派遣された柴田剛中《しばたたけなか》の使節団一〇名である。

ところで、日本外交にとって、隣国ロシアとの国境画定は懸案のひとつであったが、これを解決する目的で派遣されたのが、慶応二年の遣露使節団である。正使小出秀実《こいでひでみ》、目付石川利政《いしかわとしまさ》、合計一九名であった。結果として樺太の国境画定はならず、日露両国民の雑居となり進展はなかった。

そして、もはや幕府崩壊直前の大使節団として慶応三年の遣欧使節団を上げることができる。将軍慶喜の名代として、実弟徳川昭武をトップに薩摩藩、佐賀藩も形の上では従え、先発隊、後発隊もあわせると総勢六六名の大使節団である。これは、パリ万国博覧会に参加し、その後、欧州各国を歴訪し、のち留学して西欧諸学術を修得するのが目的であった。結果として、幕府崩壊により明治政府から帰国命令が出て、留学半ばで帰国するが、日本をヨーロッパにアピールすることに成功した。ほかにも慶応三年には、アメリカに渡って軍艦購入をした小野友五郎《おのともごろう》の遣米使節団一〇名もあった。

以上、概観したところをまとめると、幕末の遣外使節は、初めは、外交儀礼上の必要から出かけて行った。次に、始まったばかりで十分な外交的成果を挙げるには至らなかったが、積極的に交渉のため海外に出かけるようになったことは評価できる。また、情報収集の調査活動もある程度重視された。幕府崩壊直前には、外交交渉では相変わらず十分な成果を挙げることはできなかったが、日本文化を西欧にアピールすることはできた。

そうした中で、その地での証として撮影されたのが、異国での記録写真であろう。困難な渡航、煩わしい各種の交渉、慣れない海外生活、決して快適とはいえない状況のなかでなかなか笑えなかったのだろう。笑っている写真が少ない。また家族には自分の理想とする姿を残したかった侍の思いが写真から伝わってくる。

徳川昭武（松戸市立戸定歴史館蔵）
[とくがわ　あきたけ／1853-1910]
第9代藩主徳川斉昭の18男。慶応2年（1866）、清水徳川家を相続、このとき、将軍の名代としてパリ万博に派遣される。写真はパリで撮影されたもの。フランスでは将軍徳川慶喜の実弟として紹介された。明治2年（1869）、水戸徳川家を相続、最後の水戸藩主となる。ディスデリ撮影。

1860年2月～1860年11月
万延遣米使節団
［安政7年1月～万延元年9月］

　この使節団は幕府が派遣した遣外使節団の最初のものである。使節団が派遣される経緯は、安政五年六月一九日（一八五八年七月二九日）に海防掛兼下田奉行井上信濃守清直《きよなお》、海防掛目付岩瀬肥後守忠震《ただなり》、アメリカ総領事ハリスとの間で日米修好通商条約全十四カ条が締結されたことによる。その十四条目に「右條約の趣は来る未年六月五日（即千八百五十九年七月四日）より執行ふへし、此日限或は其以前にても都合次第に日本政府より使節を以て亜米利加《アメリカ》華盛頓《ワシントン》府に於て本書を取替すへし、若余儀無き子細ありて此期限中本書取替し済すとも條約の趣は此期限より執行ふへし」（『條約彙纂』）との規定があった。つまり、条約の批准交換を行うために、アメリカに使節団を派遣することが明記されていたのである。

　そこで、安政五年八月二五日、老中間部《まなべ》下総守詮勝《あきかつ》から外国奉行水野《みずの》筑後守忠徳《ただのり》、永井玄蕃《げんばの》頭尚志《かみなおむね》、目付津田半三郎《つだはんざぶろう》、加藤正三郎《かとうしょうざぶろう》に「亜墨利加国へ本條約取替として差し遣わされ候に付用意致すべし」（『幕末維新外交史料集成』第四巻）という命令が下った。十月二四日、佐賀藩主鍋島直正《なべしまなおまさ》、会津藩主松平容《かた》保《もり》、大野藩主土井利忠《としただ》、新宮藩主水野忠央《ただなか》から家来をアメリカに連れて行ってほしい旨の届け出が水野・永井になされた。人事は二転三転し、同九月一三日、外国奉行兼神奈川奉行新見《しんみ》豊前守正興《まさおき》を正使とし、勘定奉行兼外国奉行兼神奈川奉行兼箱館奉行村垣《むらがき》淡路守範正《のりまさ》を副使に、目付小栗《おぐり》豊後守忠順《ただまさ》を監察に任命

ワシントン海軍工廠を訪問した遣米使節の幹部たち（日本カメラ博物館蔵）

ワシントン上陸後の写真。使節団はブキャナン大統領に謁見後、日米修好通商条約の批准交換を行う。ワシントン海軍工廠をはじめスミソニアン博物館、国会議事堂、アメリカ海軍天文台等を訪れた(マシュー・B・ブラディー撮影)。

前列右から勘定組頭森田岡太郎(清行)、監察(目付)小栗忠順、正使(外国奉行)新見正興、副使(外国奉行兼勘定奉行兼箱館奉行兼神奈川奉行)村垣範正、外国奉行支配組頭成瀬善四郎(正典)、外国奉行支配調役塚原重五郎(昌義)。

後列、村垣の後ろがデュポン海軍大尉、新見の後ろがブキャナン造船所所長、そこから右へ立石得十郎（オランダ語通詞)、栗嶋彦八郎（小人目付)、モーリー海軍中尉、松本三之丞（外国奉行支配定役)、アリソン事務長。

し、ここから一気に使節団の人事が決定した。こうして総勢七十七名の使節団が決定し、安政七年一月一八日（一八六〇年

咸臨丸（復元模型・船の科学館蔵）
咸臨丸はオランダポップ・スミット造船所で造られ、安政４年２月（1857年３月）に竣工。原名はヤパン号。木造３本マスト・バーク型スクリュー蒸気艦。排水量625トン、全長48.80m、100馬力、備砲は12門。太平洋横断後は、小笠原諸島の測量、北海道開拓使の物資輸送等に活躍。その後、民間会社に移されたが、明治４年（1871）、北海道沖で座礁沈没し、14年の寿命を閉じた。

二月九日）にアメリカ蒸気フリゲート艦ポーハタン号で品川を出発した。また、正月一九日（二月一〇日）には「我使節をはしめて彼国へ遣るゝに寄、海路警固のため、且ハ吾邦往昔より外国へ船を出せし例なきをもて、其端を開ん」（木村《きむら》喜毅『奉使米利堅紀行』）ために、浦賀から咸臨丸を送りだした。提督は軍艦奉行木村摂津守喜毅《よしたけ》、艦長は教授方頭取勝麟太郎《かつりんたろう》であった。この船には首席通訳として中浜万次郎《なかはままんじろう》が乗船しており、更に木村の従者とし福沢諭吉《ふくざわゆきち》が乗り組んでいた。また、この航海を乗り切るために、「海路に熟せる亜墨利加人」（『奉使米利堅紀行』）として、ブルック海軍大尉以下十一名を幕府の許可を得て乗船させた。

　ポーハタン号の一行は二月一六日、ホノルルに寄港した。ここで、ハワイ国王カメハメハ四世、及び王妃エマに謁見している。またオアフ島には日本の漂流民が住んでいるという噂が流れたが、これは日本人初のハワイ移民寅右衛門《とらえもん》の事と推測される。

　二月二七日、ホノルルを出発し、サンフランシスコへ向かった。同三月四日、大老井伊《いい》掃部《かもんの》頭直弼《かみなおすけ》が桜田門外の変で暗殺されたが、使節団の耳にその事実は入らなかったし、アメリカの新聞でも伝えられなかった。井伊暗殺の事実は暫《しば》くの間ふせられていたのである。同一〇日、サンフランシスコに到着。既に一二日前に到着していた咸臨丸の一行と電信でやり取りし、木村や勝らはポーハタン号へ向かった。この日、咸臨丸の水夫富蔵《とみぞう》が亡くなった。三月二〇日、サンフランシスコ市主催の歓迎会に三使と勝が出席した。この時の様子を村垣は「江戸の市店などに鳶人足なといへるものゝ酒もりせるはかくもあるへし」（村垣範正『遣米使日記』）と記している。サンフランシスコは咸臨丸が到着して以来、日本ブームに沸いており、日本製品の展示会が開かれ、なかでも漆器が評判となった。

　三月二五日、ポーハタン号はサンフランシスコを出発し、閏三月一一日パナマに入った。翌日、ポーハタン号から蒸気フリゲート艦ロアノーク号に乗り換えた。閏三月二三日、ハンプトンローズに入港した。翌朝、迎船フィラデルフィア号に乗ってワシントン造船所に到着した。ここの所長はかつてアメリカ東インド艦隊

インターナショナル・ホテルの写真（木村家蔵・横浜開港資料館保管）
遣米使節団一行が宿泊したサンフランシスコのジャクソン街にあるホテル。咸臨丸提督木村摂津守喜毅が持ち帰った写真。咸臨丸到着の翌日市長はここで木村らに晩餐を供した。

司令長官ペリー海軍准将の旗艦サスケハナ号の艦長を務めたブキャナンであった。同二五日、国務長官カスを訪問し、大統領との謁見の調整を行い、翌日と決めた。村垣はこの間のアメリカ側の対応を「実に胡国の名はのかれかたき者とおもはる」（『遣米使日記』）と評した。

この間、閏三月二日、咸臨丸は既にアメリカを去っており、帰りは日本人のみで太平洋横断に成功した。万延元年五月六日（一八六〇年六月二四日）に品川に到着している。

閏三月二九日、使節団はホワイトハウスのイースト・ルームで大統領ブキャナンに謁見した。正使新見の口上が読み上げられ、通詞名村《なむら》五八郎《ごはちろう》がオランダ語に訳し、ポートマンを通じて英語で大統領に伝えられた。次いで、新見は国書を大統領に渡し、大統領から式辞を得て謁見は終了した。同二八日、使節一行は、大統領からホワイトハウスでの晩餐会に招待された。

なお、使節団の目的であった日米修好通商条約の批准交換はワシントンで、万延元年四月三日（一八六〇年五月二二日）に行われ、ここに条約が施行された。

立石斧次郎（日本カメラ博物館）
［たていし　おのじろう／1843-1917］
最年少（17歳）の英語見習通詞として使節団に随行。アメリカ人女性から最も人気を集め「トミー」という愛称で親しまれた。また、彼の為に「トミー・ポルカ」が演奏された。文久3年（1863）、母方の米田姓を名乗り、幕臣となる。維新後は、長野桂次郎と名を改め、岩倉使節団にも随行。ハワイ移民監督官等を歴任した。

その後、使節一行は熱狂的な歓迎を受け、議事堂や造船所、天文台、スミソニアン博物館、病院等を見学した。

四月二〇日、使節一行はワシントンを出発し、ボルティモアに向かった。村垣はワシントン滞在を「我鎖国を開きてはしめて此国に航せしむは愉快の事とも也」（『遣米使日記』）と総括した。ボルティモア、フィラデルフィアでも熱狂的な歓迎を受け、ニューヨークへ向かった。

五月八日、メトロポリタンホテルで、条約締結記念パーティーとして、舞踏会が開催された。「いとしのキャサリン」のバンド演奏の中、見習通詞立石斧次郎《たていしおのじろう》が「トミー」の愛称で女性たちから注目を浴びた。同九日、三使はペリーの未亡人を訪問し、ペリーが琉球から持ち帰った泡盛を御馳走になっている。同一二日、蒸気フリゲート艦ナイアガラ号でニューヨークを出発し、喜望峰回りで帰国の途に就いた。途中、香港で芸州の漂流民亀五郎《かめごろう》を乗せ、九月二七日（一八六〇年一一月九日）、品川沖に到着した。帰国の最中、アメリカではリンカーンが大統領に選出され、やがてハリスの帰国も決定する。

また、小栗は、貨幣交換比率画定交渉を行ったり、軍艦購入を申し入れたり、会社の組織を学んだりと多くの西洋文明を吸収し、日本で株式会社兵庫商社を造る等、その経験を生かしている。それだけでなく、ポーハタン号内ではジョンストン海軍大尉の英語教室が開かれ、小栗の従者福島義言《ふくしまよしこと》や外国奉行支配調役塚原重五郎《つかはらじゅうごろう》らは英語を学ぼうと努力した。副使の村垣や新見の従者で仙台藩士の玉虫左太夫《たまむしさだゆう》、勘定組頭森田岡太郎《もりたおかたろう》らは行く先々で英語を聞いてメモを

ワシントンの大統領官舎に向かう使節一行（日本カメラ博物館蔵）
２枚あるステレオ写真のうちの１枚。ステレオ写真はレンズでのぞくことで立体的に見える写真で、これを見るためにはステレオビュー（器具）を使用する。

取り、英語の語彙集を作成した。外国の文明を受け入れ、それを吸収していく使節団の姿が見られる。

遣米使節団は外交儀礼を無事にこなし、日本の国際社会入りを象徴することとなった。その一方でアメリカは使節団を迎えてまもなく南北戦争へ突入することとなった。使節団も帰国後、攘夷運動の高揚を目の当たりにする。使節団の果たすべき役割とは正反対に、日米の国内事情が悪化する。しかし、両国にとって万延遣米使節団が新たな時代の幕開けを告げる使者となったといえよう。

勝 麟太郎（勝芳邦氏蔵）
写真は、渡米の際、サンフランシスコで撮影されたもの。勝自身がたわむれで頬に朱を着色したと伝えられる（ウィリアム・シュー撮影）。

勝 麟太郎［かつ りんたろう］

- 1823〜1899
- 小普請御家人勝小吉の子

安政２年（1855）、長崎海軍伝習所に幕府の伝習生監督（教授方取締）として参加。万延元年、伝習の一環で咸臨丸艦長として太平洋横断。その後、軍艦奉行並を勤め神戸海軍伝習所を設立。戊辰戦争時には、江戸城無血開城を果たす。維新後、海軍卿となるも、まもなく辞す。主な著書に『陸軍歴史』『海軍歴史』『開国起源』。

福沢諭吉（東京大学史料編纂所蔵）
文久二年遣欧使節団の時に写された写真。

福沢諭吉［ふくざわ ゆきち］

● 1834～1901
● 中津藩士

安政2年(1855)、緒方洪庵の適塾に入塾、後に塾頭。万延元年(1860)、軍艦奉行木村喜毅の従者として渡米。生きた英語と西洋文明に触れ、サンフランシスコで出会った中国人商人から英中辞典『華英通語』を譲り受けた。帰国後、諭吉が和訳し、『増訂華英通語』として刊行。翻訳には、渡米時に購入した『ウェブスター辞典』が役立ったという。

木村喜毅（木村家蔵・横浜開港資料館保管）
慶応4年（1868）頃に撮影された写真。最近ではケースや額縁の拵えがP97の福沢諭吉の写真と類似していることから、万延元年時のものとする見方もある。

小栗忠順（日本カメラ博物館蔵）
サンフランシスコで撮影された写真。アメリカ側の接待役ジョンストン海軍中尉は「彼は確かに一行中最も敏腕、最も実際的な人物であった」（『ジョンストン中尉手記』）と小栗の切れ者ぶりを評価している。

木村喜毅［きむら　よしたけ］

●一八三〇〜一九〇一
●浜御殿奉行木村又助の子

安政二年（一八五五）長崎表取締並海軍伝習取扱への登用を契機に、軍艦奉行に就任。咸臨丸による太平洋横断には提督を務めた。維新後、政府に出仕を求められるも固辞。著書に『三十年史』『奉使米利堅紀行』等。

小栗忠順［おぐり　ただまさ］

●一八二六〜一八七二
●新潟奉行小栗忠高の子

遣米使節団に監察として随行後、文久元年（一八六一）のポサドニック号事件の際には外国奉行として、対馬に派遣されるも直に帰府。その後、勘定奉行となり、親仏派幕臣として横須賀製鉄所創設にかかわる。明治元年（一八六八）、知行所の上野国権田村に土着するも、新政府軍に捕まり、十分な審理もないまま処刑される。

小杉雅之進（小杉伸一氏蔵・横浜開港資料館保管）
サンフランシスコのウィリアム・シュー写真館で撮影。当時、雅之進は18歳であった。万延元年の咸臨丸太平洋横断の際には、蒸気方の見習士官を務めた。

川崎道民（東京大学史料編纂所蔵）
小栗忠順の御雇い医師として随行。サンフランシスコで撮影された写真。（ウィリアム・シュー撮影）

小杉雅之進［こすぎ　まさのしん］

●一八四三～一九〇九

●壬生藩士

長崎海軍伝習所三期生に選ばれ、機関学を学んだ。万延元年の咸臨丸太平洋横断後、戊辰戦争では榎本武揚に随い、箱館に赴き江差奉行並となった。維新後、逓信省管船局や大阪商船監督部長を歴任した。

川崎道民［かわさき　どうみん］

●一八三一～一九〇九

●佐賀藩医

長崎海軍伝習所に参加し、万延元年の遣米使節、文久二年の遣欧使節団に医師として随行。二度の海外経験で、報道・新聞・写真等の技術を学んだ。帰国後、藩主鍋島直大を撮影。明治五年（一八七二）には現在の『佐賀新聞』の基礎を築き、「写真術の元祖」の一人としても知られている。

根津欽次郎［ねづ　きんじろう］

●一八三九〜一八七七

●幕臣・軍艦操練所教授方出役手伝

長崎海軍伝習所第三期生。その後、軍艦操練所教授方出役手伝となった。万延元年の遣米使節団には咸臨丸の運用方手伝として参加。慶応二年（一八六六）、大番格軍艦役に昇進。戊辰戦争では、榎本武揚に随い、回天丸艦長甲賀源吾の戦死後、同艦の艦長を務めた。維新後、名を勢吉と改め、海軍大尉に昇進している。

浜口興右衛門［はまぐち　おきえもん］

●一八二九〜九四

●幕臣・軍艦操練所教授方

長崎海軍伝習所第一期生として派遣され、運用術を学んだ。その後、軍艦操練所教授方出役となった。万延元年の遣米使節には咸臨丸の運用方として乗船。帰国後、軍艦組を経る。維新後、名を英幹と改め、海軍主船寮八等出仕や、横須賀造船所艦材課副長等を経、海軍三等技師となった。日本海員掖済会の発起人にもなった。

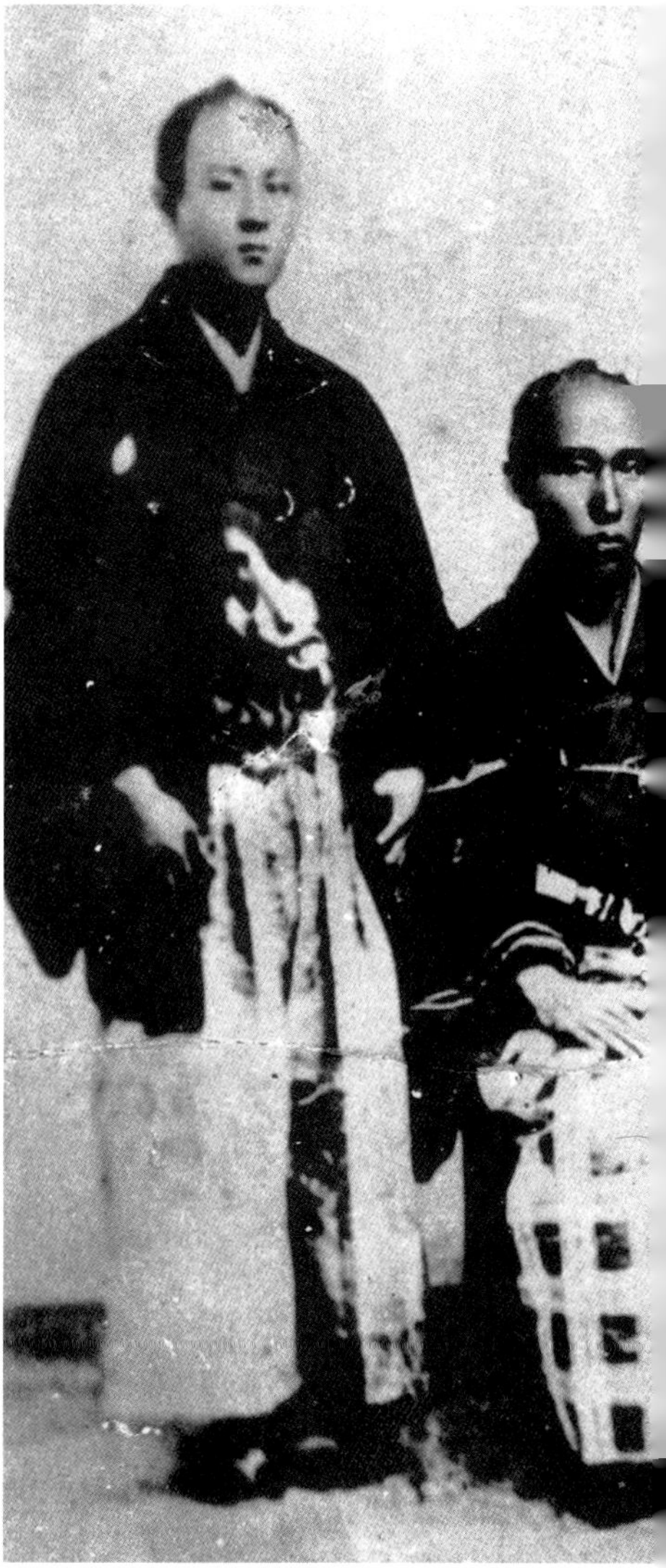

咸臨丸乗員一行（『万延元年遣米使節図録』所収）
サンフランシスコのウィリアム・シュー写真館で撮影された写真。右から福沢諭吉（木村喜毅従者）、岡田井蔵（軍艦操練所教授方手伝）、肥田濱五郎（軍艦操練所教授方蒸気方）、小永井五八郎（軍艦操練所下役）、浜口興右衛門（軍艦操練所教授方運用方）、根津欽次郎（軍艦操練所教授方手伝）。

岡田井蔵［おかだ　せいぞう］
●一八三七〜一九〇四
●幕臣・軍鑑操練所教授方
一六歳で昌平黌に入る。長崎海軍伝習所には、はじめ中島三郎助に随行し、後に第二期生となり機関学を学ぶ。後、軍艦操練所教授方手伝出役を勤め、万延遣米使節団に咸臨丸で随行。その後、小笠原調査団に加わり、軍艦蒸気役一等。維新後は上総で農業に励むが、明治三年（一八七〇）に工部省出仕。明治一五年、海軍一等技師となる。

小永井五八郎［こながい　ごはちろう］
●一八二九〜一八八八
●幕臣・軍鑑操練所勤番下役
江戸で、古賀謹堂等に学び、安政六年（一八五九）には軍艦操練所に勤めた。万延元年の遣米使節団で咸臨丸に乗船。維新後、尾張明倫堂の教頭を経、文部省に出仕。晩年には浅草新堀で濠西塾を開く。著書に『亜行日記』等がある。

肥田濱五郎［ひだ　はまごろう］
●一八三〇〜一八八九
●幕臣・軍鑑操練所教授方出役
江川塾出身。長崎海軍伝習所には江川家家臣として参加。万延遣米使節団には咸臨丸の機関長として随行。軍艦頭取を経て、元治元年（一八六四）、石川島造船所建設のためヨーロッパに派遣。その後、慶応遣英仏使節団理事官柴田剛中と共に行動。慶応二年（一八六六）、軍艦千代田形を完成。後、横須賀造船所所長を経て岩倉使節団に随行。海軍機関総監、宮内省御用掛を歴任。日本鉄道会社創設に尽力。

竹内保徳
［たけのうち　やすのり／1810-1867］
初代の箱館奉行を務めた後、勘定奉行へ。民政・財政に明るく、堅実な外交感覚を持っていた。久世・安藤政権下では国益主法掛の一員。文久元年（1861）、遣欧使節団では勘定奉行兼外国奉行の地位で、正使（特派全権公使）に任命される。帰国後、大坂町奉行に転任し、西丸留守居となった。

1862年1月～1863年1月

文久遣欧使節団

［文久元年12月～文久2年12月］

攘夷運動が高揚し、外国人殺傷事件が相次ぐ中、安政五カ国条約に規定された新潟港（一八六〇年一月一日）・兵庫港（一八六三年一月一日）の開港が目の前に迫っていた。また、江戸（一八六二年一月一日）・大坂（一八六三年一月一日）の開市も迫っていた。こうした中、幕府は外国人殺傷事件を鎮静化するためには、条約の改定、すなわち両港両市の開港開市延期をする事が重要であると判断した。当初幕府は十年間の開港開市の延期交渉を行っていた。

万延元年（一八六〇）七月十九日にプロイセン全権公使オイレンブルクが来日し、条約交渉に入った。この条約の仲立ちに入ったのはアメリカ総領事兼弁理公使ハリスで、彼は秘書兼通訳官ヒュースケンをオイレンブルクに貸し出した。日本側は全権の外国奉行堀織部正利煕《ほりおりべのかみとしひろ》が自殺するという事件が起こり、遣米使節として米国から帰国したばかりの村垣が堀の代わりに交渉に当った。ヒュースケンは一二月四日、プロイセン使節団の宿舎であった赤羽根接遇所からアメリカ公使館のあった善福寺に帰る途中、新河岸の中の橋付近で、薩摩藩士伊牟田尚平《いむたしょうへい》・樋渡八兵衛《ひわたりはちべえ》らに襲撃され、翌日死去した。いわゆるヒュースケン殺害事件である。プロイセン・アメリカ・日本に衝撃が走ったものの一二月一四日、江戸で無事に日普修好通商条約が締結された。この条約は仲介役を担っていたハリスが両港両都開港開市延期に同意したため新潟・兵庫・江戸・大坂の開港開市条項が削除された。ところで幕府は外交顧問として雇っていたシーボルトにも使節派遣の意見を聞いた。シーボルトはイギリス郵船を雇ってフランスから廻った方が良いとアドバイスをした。しかし、アメリカではリンカーン大統領の時に、南北戦争が勃発したためハリスは帰国を余儀なくされた。そ

（P114～115の写真はいずれもナダール撮影／港区立港郷土資料館蔵）

松平康直
［まつだいら　やすなお／1830-1904］
安政6年（1859）、外国奉行兼神奈川奉行。文久遣欧使節団の副使。元治元年（1864）宗家を継ぎ、陸奥棚倉藩主。慶応元年（1865）4月、外国掛老中。前姓の松井に復す。同3年川越に移封。幕府の会計総裁となる。

柴田貞太郎
［しばた　さだたろう／1823-1877］
天保13年（1842）、徒目付となる。安政5年（1858）、外国奉行支配組頭となり、横浜開港や外国人殺傷事件解決に尽力。文久遣欧使節団では、外国奉行組頭として参加。帰国後、外国奉行並を経、外国奉行に昇格。

京極高朗
［きょうごく　たかあき／1824-1864］
文久元年（1861）の遣欧使節団では監察（目付、全権公使格）。帰国後、神奈川奉行や長崎奉行、騎兵奉行等を歴任。元治元年（1864）に大目付。

こで、ハリスの後を受け継いだイギリス総領事兼特派全権公使オールコックが最終的に使節団の派遣計画を決定した。万延二年二月一〇日にジョン・ヘイ海軍准将が指揮する外輪フリゲート艦オーディン号を使用することとした。

こうして、使節団の人選が始まり、外国掛老中安藤《あんどう》対馬守信行《のぶゆき》が先導役となった。文久元（一八六一）年二月二二日付の村垣の日記で「西洋御使人撰方儀申立ル」（『村垣淡路守公務日記』）と記している。同月には、幕府に樺太国境画定に関する意見を提出しており、箱館奉行所の出身者が遣欧使節団に入らなければならないと告げている。そうなると、村垣の同僚であった堀は亡くなっている事から、残る同僚の竹内《たけうち》下野守保徳《やすのり》が人選の中に入って来る事となる。竹内について田辺太一《たなべたいち》は「勘定役から累進して勘定奉行の栄位にのぼったもので、民政財政のことに関しては最も熟練の誉があった」（『幕末外交談』1）と記している。この事から、使節団の使命とされた貨幣交渉や改税の交渉、樺太国境画定交渉を行うのに竹内は適任だったのである。このようにして文久元年三月二四日に最初の人選が行われ、正使に勘定奉行竹内、副使に外国奉行桑山左衛門尉《くわやまさえもんのじょう》元柔《もとやす》、監察に外国掛目付京極《きょうごく》兵庫頭高朗《たかあき》、勘定吟味役高橋平作《へいさく》が選ばれた。この時、竹内は外国奉行兼帯を仰せつかっている。そして、八月二一日新たに外国奉行兼神奈川奉行松平石見守康直《やすなお》が任命された。同時にオールコックの提案により、竹内を特派全権公使、松平を全権公使とする西洋風の役職名が与えられた。こうして三使が決定したのである。幕府が三使に与えた権限は、「諸事評議に及び決断するの威権」（『続通信全覧』類輯之部三礼典礼儀門）で、決定権を与えられたものであったことが伺われる。その後、全ての人選が終わり、遣米使節は人数が多かったことを各国公使から指摘されたことを踏まえ、総勢三六名に絞られた。

文久元年一二月二二日（一八六二年一月二一日）、使節一行は横浜を出発した。そして、条約締結国であるフランスを筆頭にイギリス、ロシア、プロイセン、オランダ、ポルトガルの六カ国を廻った。使節団は当初交渉に行き詰まっていたが、二ヶ月後、オールコックが通弁御用頭取森山《もりやま》多《た》吉郎《きちろう》と勘定格調役淵辺徳蔵《ふちのべとくぞう》を伴って帰国した。これにより、交渉が進展し、文久二年五月九日（一八六二年六月六日）、ロンドン覚書六カ条が調印された。開港開市延期は一八六三年一月一日から五年間延期することが決定した。これ以降、総勢三八名で他国を廻り、残りの五カ国とも覚書を取り交わした。覚書の内容を検討すると、六カ国とも内容が違うことがわかる。これは使節団が個別に外交交渉を行い、それを覚書に反映させた結果である。また、フランスとは別に「仏国政府軍艦不開港入津禁止談判不諾書」を取り交わしている。フランス軍艦が自由に開港場以外の港に入れない事に対するフランスの不満をみることができよう。なお、フランスとの交渉においては、ヨーロッパに発生した微粒子病による蚕の全滅があり、フランスは日本産の蚕の輸入を企図していたことから、日本は外交の切り札に蚕をちらつかせながら交渉をしていったのである。また、ロシアとは樺太国境を巡って北緯四八度線か北緯五〇度線かで論議となり、竹内は樺太の状況をよく知っていたため四八度線で妥結しようとした。

パリで撮影された遣欧使節団正副使一行

左から副使松平、正使竹内、監察京極、組頭柴田。使節団は一年かけて仏・英・蘭・普・露・葡国を歴訪。議会・学校・工場等を見学した。

しかし、監察の京極が幕府の命を重視し、北緯五〇線で決めなければならないと主張したため、結局まとまらず、後日、駐日ロシア総領事兼外交官ゴシケーヴィチ、あるいはシベリア総督と改めて交渉することとなった。これが後の遣露使節団の伏線となるのである。また、フランスとの交渉で、一旦は酒税は三割五分としたが、後に二割五分にしてほしいと再交渉している。このような税率をめぐる問題もパリで解決できず、改めて駐日フランス総領事兼全権公使ベルクールと交渉する事となった。貨幣交渉では、金銀比率の問題があり、日本側は二朱銀復活を提案したが、各国は否定的だった。当時、日本国内では老中久世《くぜ》大和守広周《ひろちか》を中心とする幕府・諸藩の財政難や民衆の困窮を引き起こしている開港後の物価騰貴に対処し、国内生産品の増産を図る事を目的とする国益主法掛《こくえきしゅほうかかり》の存在があり、竹内もこのメンバーであった事から国内の物価騰貴に対応するために竹内は使節団の正使としてこの問題を解決する手段として税制の改革や貨幣の改鋳を試みたのである。各国共通の項目であった開港開市延期交渉には成功したものの、残りの個別外交交渉は解決には至らなかった。だが、本格的な外交交渉を行い一部分ではあるが、成功を治めた点は評価できよう。

　こうして、文久二年一二月九日（一八六三年一月二八日）に、帰国した使節団は政事総裁職松平慶永《よしなが》と謁見し、報告をしたが、彼等の探索結果は国政に反映される事はなかった。これは文久二年一月一五日に起きた坂下門外の変でこの使節を派遣した老中安藤が負傷し、失脚したことや朝廷から三条実美《さんじょうさねとみ》と姉小路公知《あねがこうじきんとも》らが勅使として江戸に派遣され、攘夷を督促するなど、政局が極めて不安定だったことも影響していたといえよう。

第一回遣欧使節一行（川崎市市民ミュージアム蔵）
文久2年（1862）にパリで撮影。右から立広作（定役並通弁御用）、高松彦太郎（小人目付）、川崎道民（御雇医師）、福地源一郎（定役並通弁御用）、太田源三郎（神奈川奉行御雇通弁）、柴田貞太郎（外国奉行支配組頭）、上田友助（外国奉行支配定役取締）、日高圭三郎（勘定）、森鉢太郎（外国奉行支配定役）。

（P118～119の写真はいずれもナダール撮影／右頁上写真以外すべて港区立港郷土資料館蔵）

斎藤大之進 [1822-1871]

福沢諭吉 [1834-1901]

日高圭三郎 [1837-1919]

日高圭三郎 [ひだか　けいさぶろう]

万延遣米使節団に勘定役で参加。文久遣欧使節団にも勘定役で渡欧後、砲兵差図役頭取を経て、維新後、大蔵省印刷局六等となった。

福沢諭吉 [ふくざわ　ゆきち]

オランダ小通詞品川藤十郎の代わりに人選。柴田剛中の斡旋によって、手附翻訳方奥平大膳大夫家来という肩書で参加。ロンドンで、『英清辞書』（上下）を購入。フランスでは、日本学者レオン・ド・ロニーと親交を持った。この使節団の記録は後に『西洋事情』として刊行される。

斎藤大之進 [さいとう　だいのしん]

嘉永・安政期は徒目付。文久元年、外国奉行水野忠徳の推薦で、外国方同心となる。第一次東禅寺事件の際、大いに奮戦。文久遣欧使節団に同心で加わり、ロンドンを訪れた際には、ビクトリア女王から銀製賞牌及び賞状を授与された。維新後、外国人居留地御国産物改役兼灯明台掛。

箕作秋坪 [みつくり　しゅうへい]

松平三河守家来という肩書で医師兼翻訳方として使節団に随行。維新後には、東京師範学校摂理や東京教育博物館館長等を歴任している。蘭学者箕作阮甫の養子。

岡崎藤左衛門 [おかざき　とうざえもん]

柴田剛中から選ばれ、外国奉行支配調役並として文久遣欧使節団に参加。帰国後は、外国奉行並、兵庫奉行を歴任している。維新後は、司法大録、広島裁判所判事、水戸始審裁判所判事等を歴任。

森山多吉郎 [もりやま　たきちろう]

長崎のオランダ通詞の家系。ペリー来航の際には通詞として活躍。その後、条約締結に通詞兼翻訳掛として勤務。文久遣欧使節団には、外国奉行支配調役格通弁御用頭取として参加。慶応3年、兵庫奉行支配組頭となる。維新後の動向は不明。

太田源三郎 [おおた　げんさぶろう]

唐通事の家系。嘉永6年（1853）に稽古通事、翌年、小通事末席。その後、神奈川奉行松平の斡旋で、神奈川奉行通詞雇。文久遣欧使節団にも通弁御用で参加。維新後、工部省や外務省で活躍。

森山多吉郎 [1820-1871]

箕作秋作 [1825-1886]

岡崎藤左衛門 [1837-1898]

太田源三郎 [1835-1895]

福地源一郎 [1841-1906]
文久2年（1862）にパリで撮影。

福田作太郎 [1833-1910]
文久2年（1862）にパリで撮影。

（右頁下写真以外すべて港区立港郷土資料館蔵）

集合写真
（東京大学史料編纂所蔵）
オランダ・ハーグで撮影。右より柴田貞太郎、福澤諭吉、太田源三郎、福田作太郎。

松木弘安 [1832-1893]

上田友助 [1817-?]

福田作太郎 [ふくだ　さくたろう]

弓矢槍組同心の家系。文久遣欧使節団には京極高明の推薦で勘定格徒目付として参加。実質上の六カ国探索責任者で、その記録は『福田作太郎筆記』として残っている。帰国後は、鉄砲製造奉行や歩兵頭等を歴任。維新後は主に電信事業に従事。

福地源一郎 [ふくち　げんいちろう]

安政2年(1855)にオランダ大通詞名村八右衛門からオランダ語を学ぶ。安政4年には森山多吉郎から英語を学ぶ。安政6年、外国奉行支配通弁雇として翻訳活動に従事。文久遣欧使節団には森山の力添えもあり、外国奉行支配同心格通弁御用で参加。

松木弘安(寺島宗則) [まつき　こうあん]

岡崎藤左衛門を窓口として使節団に参加。肩書は松平薩摩守家来翻訳方兼医師。松木は箕作秋坪・福沢諭吉らと共に行動をする事が多かった。オランダ国内以外にオランダ語が通じない事を知り、衝撃を受けた。文久3年の薩英戦争では、捕虜となった。

立広作 [たち　こうさく]

箱館奉行所付通訳。英語を名村五八郎から習い、フランス語をメルメ・カションから学んだ。文久使節団には外国奉行定役格通弁御用として最年少(17歳)で参加し、唯一フランス語の話せる通詞であった。維新後は、外務省、大蔵省に出仕。後には国立銀行頭取に就任

上田友助 [うえだ　ゆうすけ]

文久遣欧使節団に外国奉行支配定役取締で参加。維新後は、外務権大録等を経る。明治の文豪上田敏の祖父。敏は祖父の西洋体験に影響を受けたといわれる

立　広作 [1845-1879]

1850年代の上海　左奥がアメリカ領事館

1862年2月～1867年4月

上海使節団

第1回［文久2年5月～6月］
第2回［元治元年2月～4月］
第3回［元治2年3月～4月］
第4回［慶応3年1月～4月］

文久二年から慶応三年にかけて都合四回、幕府は上海に使節団を派遣した。

第一次使節団は幕府御勘定根《ね》立助七郎《だてすけしちろう》以下主に長崎奉行所吏員と長崎の商人からなる五一名の派遣団で、文久二年五月にイギリスから購入したアーミスティス号を千歳丸《せんざいまる》と命名して使用した。上海の市場調査と共に試験的に石炭や朝鮮人参、俵物、昆布等の販売が行われたが、積荷の大部分を売却できず、六月に帰国した。

この一行の中には薩摩藩の五《ご》代才助《だいさいすけ》がおり、彼は蒸気船の購入交渉を行った。また佐賀藩の中牟田倉之助《なかむたくらのすけ》は英語を学び、太平天国の乱の様子を外国人達から情報収集したりした。さらに、長州藩の高杉晋作《たかすぎしんさく》は五代や中牟田と親交を持っただけでなく、地図や後に坂本龍馬に贈呈する事となる七連発のスミス&ウェッソン銃を購入している。浜松藩の名倉予何人《なぐらあなと》は、筆談によって多くの中国人と接触し、中国が列強の侵略を受けている事に心を痛めている。彼は、中でも親しかったのは侯儀と王亘甫であった。更に、李鴻章とも接触し、兵学を論じており他の人々とは一線を画した存在だった。

第二次使節団は軍鑑奉行支配組頭格箱館奉行支配調役並山口《やまぐち》佯錫次郎《ちょうじろう》以下、諸術調所の蛭子《えびす》末次郎《すえじろう》、池田溌三郎《いけだはつさぶろう》等箱館奉行所吏員、諸術調所の学生、箱館の商人等五〇余名で、アメリカから購入した健順丸で元治元年二月に出帆し、香港・上海・バタビアで貿易を試みようとした。しかし、実際には上海しか訪れておらず、四月には帰国している。

こうした奉行所独自の貿易調査が功をなし、上海での交易品を売却することができた。第二次使節団までの上海派遣は試貿易であったが、自由貿易のあり方や欧米諸国の合理的な商法、その経済力等を改めて認識するには十分なものであった。その一方、試貿易に留まったことは

（港区立港郷土資料館蔵）

高杉晋作

- 1839～1867
- 長州藩士

松下村塾に入り、師の吉田松陰の影響を受ける。久坂玄瑞とともに松下村塾の双璧と呼ばれた。文久元年（1861）、世子毛利定広の小姓となる。翌年、千歳丸に乗り、小人目付犬塚鑅三郎の従者として上海に渡る。この時の記録に『游清五録』がある。帰国後は奇兵隊の創設を行い、四国艦隊や幕府と戦うも結核で死去した。

若き日の高杉晋作（中央）と伊藤博文（右）・三谷国松（左）（東行庵提供）
慶応元年（1865）撮影。長崎に赴いた時の写真。グラバーに英国行きを依頼するが、駐日英国第二補助官ラウダに説得されて帰藩した。撮影時の高杉の年齢は二六歳、伊藤は二四歳（上野彦馬撮影）。

残念と言わざるを得ない。

　箱館奉行所では文久元年正月に、村垣《むらがき》淡路守範正《のりまさ》、津《つ》田《だ》近江守正路《まさみち》が幕府に意見書を出し、二月一九日に黒竜江に向かい交易を試みる旨を幕府から承認された。奉行所で造った亀田丸に諸術調所教授武《たけ》田《だ》斐三郎《あやさぶろう》、諸術調所の前島密《まえじまひそか》等が乗船、四月二一日に箱館を出港し、六月一日にニコライエフスクに達し、現地で交易を行い、海陸の地理・風俗・経緯度等を調査し、八月九日に箱館に到着した。

　第三次使節団は元治二年三月に外国奉行支配調役石川岩司、同調役並杉浦愛《すぎうらあい》蔵《ぞう》、同調役格通弁御用頭取西吉十郎《にしきちじゅうろう》がイギリス郵船で上海に派遣され、四月に戻ってきた。この派遣団は上海でアメリカ人が日本船を売り払ったことに端を発している。この船（「ギンカチ丸」）は長州藩の村《むら》田《た》蔵六《ぞうろく》がアメリカ商人ダラーケに売ったもので、この船の行方を調査するとともに、中国の貿易調査を行うこと事が主な任務であった。ちょうど日本国

五代才助（鹿児島県歴史資料センター黎明館蔵）

［ごだい　さいすけ／1835-1885］

長崎海軍伝習所に参加し、航海・砲術・測量・数学等を学ぶ。文久２年、藩主の密命で水主（かこ）として上海使節団に参加。翌年の薩英戦争で捕虜となる。慶応元年、薩摩藩イギリス留学生を引率。維新後は関西貿易社を立ち上げる等実業家として活躍。

杉浦愛蔵（川崎市市民ミュージアム蔵）

［すぎうら　あいぞう／1835-1877］ルイ・ルソー撮影。

甲府徽典館に入学。文久元年（1861）、外国奉行支配書物出役となり、文久３年の遣仏使節団に外国奉行支配定役として随行、元治２年（1865）には、第３次上海使節団に外国奉行支配調役並として参加。慶応３年(1867)、外国奉行支配調役として徳川昭武使節団に随行。維新後は民部省を経、駅逓正として郵便制度創設に尽力した。

内では幕府による第一次長州征討が終了したばかりであったが、この調査の結果、幕府は第二次長州征討を決断することとなった。

第四次使節団は、浜松藩と佐倉藩の共同派遣で、慶応三年一月から四月までの期間上海と南京に派遣された。商民を率いての、この上海・南京訪問がどのような性格をもったものかは史料が乏しいため完全に明らかにはできない。この派遣団の一人浜松藩士名倉予何人《なくらあなと》は侯儀や張秀芝と親交を深めた。張は後に日清修好条規本交渉で、中国側随員の一人であった。一方の名倉も日清修好条規本交渉で、外務大丞柳原前光《やなぎはらさきみつ》のブレーンとして随行している。第一次派遣の際、親しかった王亘甫は既に死去しており、名倉は生前の約束通り、墓前に日本刀を捧げた。このような交流が明治期に日中関係を築いていく上での重要な布石であったといえよう。上海派遣団は国際通商体制の模索を図ったのみならず、明治維新への躍動を感じさせるものとなったと見ることができよう。

1862年7月～1869年1月

幕府オランダ留学生

［文久2年6月～明治元年12月］

タウンゼンド・ハリス
[1804-1878]
駐日アメリカ初代総領事兼弁理公使。

文久元年（一八六一）七月九日、老中久世《くぜ》大和守広周《ひろちか》、安藤対馬守信行はアメリカ総領事兼弁理公使ハリスに対して、海軍力強化のため、二隻の洋式軍艦の建造を委託した。しかし、アメリカでは南北戦争が勃発。ハリスの帰国も決まり、同二年正月に軍艦建造を断る旨の申し出がなされたため、二月急遽オランダに発注先を替えせざるを得なくなった。そして、三月三日には併せて留学生の人選がなされ、六月一七日にオランダに留学生を派遣する旨を伝えた。こうして総勢一五名からなる留学生のメンバーが決まった。船はオランダ商船カリップス号を使用した。留学生のメンバーは以下の通りである。

海軍班

取締役内田恒次郎《うちだつねじろう》（海軍諸術、二五歳）以下士官として榎本釜次郎《えのもとかまじろう》（機関学、二七歳）、澤太郎左衛門《さわたろうざえもん》（砲術、二九歳）、赤松大三郎《あかまつだいさぶろう》（造船学、二二歳）、田口俊平《たぐちしゅんぺい》（測量学、四五歳）

職方

古川庄八《ふるかわしょうはち》（船舶運用・水夫の扱い方、二七歳）、山下岩吉《やましたいわきち》（船舶運用、二三歳）、中島兼吉《なかじまかねきち》（製鉄鋳物、三一歳）、大野弥三郎《おおのやさぶろう》（測量機械の製造、四三歳）、上田虎吉《うえだとらきち》（造船術、四一歳）、大川喜太郎《おおかわきたろう》（鋳物一般特にシャフトの製造、三一歳、アムステルダムで慶応元年八月に病死）、久保田伊三郎《くぼたいさぶろう》（艦内装飾等、生年月日不明、病気により脱落、文久三年七月二四日に江戸で死去）

洋学班

津田真一郎《つだしんいちろう》（人文・社会科学ー法律・国際法・財政学・統計学、三四歳）、西周助《にししゅうすけ》（津田と同じ、三五歳）

医学班

伊東玄伯《いとうげんぱく》（医学、三一歳）、林研海《はやしけんかい》（医学、一九歳）

軍鑑建造と併せて、様々な技術と知識を吸収しようとつとめたのである。

彼等は幕末使節団ともつながりがある。まず、元治元年（一八六四）三月二六日、ハーグ在住の内田のもとに横浜鎖港交渉のためフランスにやってきていた外国奉行支配組頭田辺太一《たなべたいち》から書簡が届き、航海中に支配定役横山敬一《よこやまたかず》が黄熱病にかかったことと他にも疑わしい症状の者が

榎本釜次郎（武揚）（港区立港郷土資料館蔵）

榎本釜次郎 [えのもと　かまじろう]

- 1836-1908
- 榎本円兵衛の子

昌平黌、中浜万次郎塾、長崎海軍伝習所等で学ぶ。安政5年（1858）、軍艦操練所教授を経、文久2年（1862）、オランダ留学生として航海術・砲術・造船術・機関学・国際法等を学ぶ。慶応2年（1866）、オランダで製造した開陽丸に乗船し、帰国。その後、海軍副総裁を務める。

開陽丸（開陽丸青少年センター蔵）
1866年にオランダのヒップス・エン・ゾーネン造船所で建造された木造スクリューフリゲート艦。排水量は2590トンで、乗組員は429人、400馬力、備砲は34門。明治元年（1868）に蝦夷地江差で、座礁沈没した。

いたため林を遣わしてほしいという内容であった。そして、五月五日に林と内田はフランスへ向けて出発した。結局、横山は元治元年三月二一日にマルセイユで死去し、共同墓地に埋葬される事となった。内田は林を残して五月一〇日にオランダへと帰って行った。林は六月四日までパリに滞在し、随員の治療にあたったのである。

また、正使池田《いけだ》筑後守長発《ながおき》らは軍艦をフランス政府に発注した。五月一三日に、軍艦を発注するにあたり、専門家の意見を聞くため内田と榎本をパリに呼び寄せ、交渉させている。その船は長さ約八〇メートル、大砲は二六～三〇門、六百馬力のスクリュー船だったが、後にこの注文は取り消しとなった。フランスとの交渉を終えた内田と榎本は二〇日、ハーグに戻っている。

更に、この使節に加わっていた原田吾一《はらだごいち》はオランダに留学して兵制を学ぶこととなった。五月二一日、原田はハーグに到着している。

慶応二年（一八六六）に佐賀藩士佐野《さの》栄寿左衛門《えいじゅざえもん》が従者一人を連れて軍艦日進購入のため、オランダにやってきた。この軍艦購入に終始かかわったのが、赤松大三郎《あかまつだいさぶろう》であった。これは駐日オランダ総領事兼外交事務官のポルスブルックの勧めがあったためである。無事に注文を終えた佐野はパリ万博の佐賀藩の責任者としてまっすぐパリへ向かって慶応三年にパリ万博に参加した。

慶応三年、徳川昭武《とくがわあきたけ》らがパリ万博に参加するためフランスに赴いた。五月一八日、オランダ留学生赤松・林・伊東ら三名は昭武への謁見とパリ見物のためにやってきた。六月八日、彼等はオランダに戻った。

同年九月一三日、オランダを訪れた徳川昭武ら一九名は赤松・林・伊東・緒方洪哉《おがたこうさい》・松本鉒《まつもとけい》太郎《たろう》らに迎えられ、二四日まで滞在した。

慶応二年九月、幕府が発注した開陽丸が、ドルドレヒトのヒップス・エン・ゾーネン造船所で竣工、試運転の後、一〇月一五日、フリンシンゲンから日本へ向けて出発した。内田・榎本・

内田恒次郎（東京大学史料編纂所蔵）
［うちだ　つねじろう／1838-1876］
安政３年（1856）、昌平黌学問吟味乙科を合格、赤松良則から蘭学を学び、長崎海軍伝習所第３期生として参加。その後、軍艦操練所教授方手伝出役となる。文久２年（1862）、オランダ留学生の取締役として海軍諸術を学ぶ。維新後、開成学校権判事等を務め、文部省に出仕。著書に『和蘭学制』『海軍沿革論』等がある。

林研海（東京大学史料編纂所蔵）
［はやし　けんかい／1844-1882］
6歳で荻野鳳次郎に、13歳で塩谷宕陰塾で漢学を学ぶ。18歳で、長崎のポンペに医学を学ぶ。文久2年（1862）、オランダ留学生として医学を学ぶ。帰国後、静岡藩病院長を経、陸軍の軍医として活躍。明治15年（1882）、有栖川宮熾仁親王に随いロシア・イタリアを訪問し、その後、パリへ赴くも病死した。

澤・田口のほかに五人の職方が乗船して慶応三年三月二六日に横浜に到着した。

慶応四年一月に日本から徳川慶喜《よしのぶ》が大政奉還をしたという報《しらせ》を受けて、残りの留学生も帰国を決意する。四月二六日、赤松はフランス在住の幕府留学生たちと共にマルセイユを発ち、五月一七日に横浜に到着した。伊東と林は徳川昭武一行と共に、九月四日にマルセイユを発って一二月三日、横浜に到着した。彼らの帰国によって、オランダ留学生の使命は終わりとなった。彼等が身に付けた知識や技術の成果は、箱館戦争の終結の際に榎本武揚《えのもとたけあき》から黒田清隆《くろだきよたか》に『万国公法』を渡し、明治政府に国際法を認識させるきっかけを与えたことで象徴的に知られている。また、留学期間中、幕末使節団の後方支援をして、使節団を援《たす》けたことも注目すべき点として指摘しておきたい。

1863年6月〜1868年12月

長州藩イギリス留学生

［文久3年5月〜明治元年11月］

ペリー来航の際、長州浪人吉田松陰《よしだしょういん》はアメリカ船に乗って、アメリカに密航しようとした。その後、文久元年（一八六一）正月、長州藩士山尾庸三《やまおようぞう》は、航海術修業を目的に、箱館奉行所所属の亀田丸で船長の北岡健三郎《きたおかけんざぶろう》に従って、アムール河方面の調査に随行した。同三年正月には、藩が横浜のジャーディン・マディソン商会から購入した木造帆船癸亥丸《きがいまる》（原名ランリック号）に山尾は測量方として乗り込むこととなった。この艦の艦長が同じく箱館で航海術修業を終えた野村弥吉《のむらやきち》（後の井上勝《いのうえまさる》）であった。癸亥丸は文久三年五月一〇日の攘夷決行後、アメリカの報復攻撃を受け沈められた。

文久二年一一月一三日、品川御殿山に建設中のイギリス公使館を長州藩の御楯組《みたてぐみ》の高杉晋《たかすぎしん》作《さく》をはじめ志道聞多《しじもんた》（後の井上馨《いのうえかおる》）、伊藤俊輔《いとうしゅんすけ》（博文《ひろぶみ》）らが焼き打ちした事件が起こった。その後、文久三年正月二十日、世子毛利定広《もうりさだひろ》の小姓役となった井上は旅宿池田屋で久坂玄瑞《くさかげんずい》、山《やま》県狂介《がたきょうすけ》（有朋《ありとも》）から、佐久間象山《さくましょうざん》が主張する武備拡充論、海軍興隆論、人材の海外派遣論を聞いた。

三月二三日、癸亥丸が兵庫に入港し、世子定広を連れて帰る予定だった。ここで、山尾と野村は「外国行の宿志」を述べ、これを聞いた参政の周布政之助《すふまさのすけ》は彼等の願いを実現させるべく尽力した。一方、井上も桂小五郎《かつらこごろう》を通して、海外行の実現に向け奔走した。やがて、藩主毛利慶親《よしちか》にその旨が伝えられ、「密航」の許可が下りたのが四月一八日である。この段階では、志道・山尾・野村の三名の海外渡航が決定していた。この三人には「五年間」の御暇を下し、「海軍一途」を以て御奉公仕るよう命が下ったのである（『修訂防長回天史』上巻）。そして、三人には留学費用として二百両ずつが下賜されたが、この金額は留学費用をとても賄《まかな》えるものではなかった。不足分の金の工面をするために山尾はジャーディン・マディソン商会の責任者ガワーのもとへ向かうが、渡航費用について難航し、志道はアメリカ商人から五千両を借用しようと試みた。鉄砲購入の任務を帯びた伊藤に出会い、志道は「海外行」の密事を話し、伊藤もこの計画に乗ることを決めた。

更にその後、藩所有の蒸気船壬戌丸《じんじゅつまる》に乗り組

長州藩のイギリス留学生一行（萩博物館蔵）
写真右奥は伊藤俊輔（博文）、右手前に山尾庸三、奥中央に野村弥吉（井上勝）、左奥に遠藤勤助、椅子に腰掛けているのが志道聞多（井上馨）

伊藤俊輔［いとう　しゅんすけ］
●1841-1909
●長州藩士
松下村塾で学んだ後、長崎で洋式操練を学ぶ。文久二年の品川御殿山イギリス仮公使館焼討ちに参加。文久三年、イギリスに留学するもまもなく帰国。岩倉使節団にも副使として随行。初代内閣総理大臣となるなど、内閣制度を作った人物として知られる。

山尾庸三［やまお　ようぞう］
●1837-1917
●長州藩士山尾忠治の次男
箱館で武田斐三郎から蘭学を学ぶ。文久元年の箱館奉行所によるアムール調査に随行。翌年、高杉晋作らと品川イギリス仮公使館焼討ちに加わる。同三年、イギリスに留学。造船所で働く傍ら、工学等を学ぶ。維新後、工部省官吏として活躍。

んだことのある遠藤謹助《えんどうきんすけ》も合流することになり、こうして五人の留学が決定した。留学費用は鉄砲購入準備金一万両を担保に、藩の御用商人横浜貿易商伊豆倉《いずくら》の番頭佐藤貞次郎《さとうさだじろう》から五千両を融通してもらった。

五月一〇日、長州藩では攘夷決行を行ったが、留学生は同一二日に横浜からジャーディン・マディソン商会所有の小型蒸気船チェルウィック号で横浜を出港した。目的地はイギリスである。その後、上海までこの船を使用し、上海からロンドンまでは帆船ペガサス号とホワイトアッダー号に乗りついで渡英した。実に一四七日間の船旅であった。

彼等は言語の訓練をほとんど積まずに留学することとなったため、船上では語学練習を行った。

イギリスに着いてからは、汽車の速さや、見学に行った新聞社の印刷の速さに驚いたりしている。見るもの聞くものが初めてだった彼等にとっては全てが興味の対象であった。イギリスは産業革命の発祥の地であり、この革命後、イギリスの海軍力は世界一となった。彼等は軍事技術を身につけるためには、まず諸産業に通ずる科学技術全般を学ばなければならないと考えるようになった。すなわち、現地でのこうした変化が藩という枠組みを越え、国家というものを意識させるきっかけにもなっていったのである。これは伊藤が回想の中で、「欧州諸国また郡県の制を実施して国家の隆盛を来しているのを目撃し、ますます封建を廃止しなければならぬ必要を確信した」（小松緑編『伊藤公直話』）と述べている事からも明らかであろう。

元治元年（一八六四）三月、『タイムズ』紙で下関報復事件を知った志道と伊藤は帰国を決断し、自分たちの分は他の三人に託し、六月に帰国した。残りの三人のうち山尾はグラスゴーの造船所で働きながら、アンダーソンズ・カレッジで工学を習得。野村はニューカッスルで鉱山や鉄道技術を学び、ユニヴァーシティ・カレッジで数学や物理を修めた。三人の留学生はフラ

野村弥吉［のむら　やきち］

●1843-1910

●長州藩士井上勝行の三男

安政五年に長崎でオランダ語を学ぶ。翌年、武田斐三郎のもとで蘭学を学ぶ。文久三年、イギリスに留学。ロンドン大学で、鉱山・土木学を学ぶ。維新後は、鉄道事業にかかわる。

遠藤謹助［えんどう　きんすけ］

●1836-1893

●長州藩士

文久三年、イギリスに留学。ロンドンで体調を崩すも、勉学に励む。維新後、造幣局に出仕した。近代日本紙幣の祖としても知られる。

志道聞多［しじ　もんた］

●1835-1915

●長州藩八組士

藩校明倫館で学んだ後、江川塾に入学。万延元年、小姓組となり、西洋銃陣の修練に励んだ。文久二年の品川御殿山のイギリス仮公使館焼討ちに加わり、文久三年、イギリスに留学するも、まもなく帰国。維新後は外務卿等を務めた。

ンスにいた幕府使節団の正使池田長発らに知られはしまいかと心配していたようである。

　薩摩藩から元治二年三月二〇日に派遣された留学生一九名がロンドンにやって来た時、先に長州人が来ていた事を知る。留学生の一人畠山《はたけやま》丈之助《じょうのすけ》（義成《よしなり》）は、「ホーム長州人二途中ニテ鳥渡《ちょっと》遇ひ候由」（『洋行日記』）と記しており、薩摩藩留学生の世話役であるグラバー商会のライル・ホームが三人の長州人に会ったことを聞いた。その後、一八六四年七月二日、三人の長州人は薩摩藩留学生のいるベースウォーター街のフラットを訪れた。初めは薩摩人も警戒をしていたが、このの ち藩という垣根を越えた交流が続くこととなる。この時、長州人が名刺代わりに置いていった五人一緒に写した写真が、森有礼《もりありのり》の『旧蔵アルバム』に残されている。裏には〝mr.Sawai Kun〟とある。森の変名沢井鉄馬《さわいてつま》に長州人が渡したものであることがわかる。その後、長州の三人は薩摩人から学費を町田《まちだ》民部（久成《ひさなり》）に頼んで貸してもらったりしている。長州の山尾・野村、薩摩の町田・畠山・村橋直衛《むらはしなおえ》（久成《ひさなり》）・名越平馬《なごやへいま》（時成）らは共に「ロンドン塔」や「造船場」「鉄工場」「農業用機械」等を見学している。彼等の間に薩長の留学生サークルが形成されたことも注目できよう。

　慶応二年（一八六七）の初めに遠藤は体調を崩し勉強も思うように進まなかったため、先に帰国した。山尾と野村は薩摩藩の留学生たちとの交流を経て、明治元年（一八六八）一一月七日に横浜に到着した。

　彼等の軌跡はロンドン大学において「長州ファイブ」として顕彰碑が建てられており、その事を知った西日本国際交流推進協会が「地元にも顕彰碑を」という運動を行った結果、二〇〇三年に山口市に彼等の顕彰碑が建てられた。その碑文で、井上は外交の、遠藤は造幣の、山尾は工学の、伊藤は内閣の、野村は鉄道の、各々「父」とされている。また、二〇〇六年には彼等の渡航前後の様子を描いた映画「長州ファイブ」が作製された。この映画は第四〇回ヒューストン国際映画祭でグランプリを受賞しており、世界的にも長州ファイブの認知が高まった。

幕末の残像

武士

裃袴姿の武士の肖像
（長崎大学附属図書館蔵）
明治初期／上野彦馬撮影（上野彦馬アルバム）。長崎にあった上野彦馬の写真館で撮影された一枚。

一八五二年、イギリスで刊行された日本の総合的ガイドブック『日本帝国』（本書「街道と宿場」P200参照）は武士に関して興味深い記述をしている。「封建領主である限り、常に自制を強いられ、心労の続く生活を余儀なくされるのだ」。

すなわち「日本のシステムというのは治める側の生活のほうが、治められる者のそれより惨めだともいえよう。こうして見ると帝も皇帝も、幕閣も大名も家老たちも、皆がみな、船室のベッドにくくりつけられ、自由のない生活をしていると言って過言ではない。ヨーロッパ人から見ると、彼らの生活はガレー船を漕がされている奴隷のように耐えがたいものだ」。なかなか鋭い見方である。来日した経験のない著者のこうした観察は、来日外国人の記録を丹念に読んだ結果、導かれたものである。なお、武士の本質に関しては「軍事的奉仕と引き換えに封土を受けている。領主が提供すべき兵の数は領土の大きさと富の多寡によって決められている。これはヨーロッパの古い封建制度によく似ている。ただ違うのは、イギリスやノルマンディーの封

夜警の役人たち（横浜開港資料館蔵）
1863年／F・ベアト撮影。公使館を警備した武士たち。攘夷派の武士たちの外国人襲撃事件が相次いで起こったため、幕臣の中から、武芸に秀でた者を外国御用出役として登用して外交官の護衛にあてた。

ポルスブルックと警護の武士たち（長崎大学附属図書館蔵）
1863年／F・ベアド撮影（ボードインコレクション）。外人の右がオランダ総領事ポルスブルック。隣は一等書記官メットマン。その隣にオランダの衛士がいる。

建領主のほうが、より独立性を保持し自由でもっと幸福だったということだ」と記し、やはり日本の封建領主が不幸であることを強調している。ただ、現実には文化的な業績を残した大名や武士たちもたくさん存在するので、一概に不幸だったとも言えない気がするのではあるが。

上流階級の家族（長崎大学附属図書館蔵）
1872年／上野彦馬撮影（上野彦馬アルバム）。撮影場所は長崎の大村藩蔵屋敷（現中町教会）の玄関。大村藩30代藩主で文久3年（1863）には長崎総奉行を勤めた大村純熙の家族写真。純熙は版籍奉還後は藩知事、明治4年（1871）の廃藩置県で引退した。

薩摩藩武士（長崎大学附属図書館蔵）
オランダ人のボードインが在日期間中に、弟（出島商人、オランダ領事）と撮影・収集した古写真のアルバム所収。

蓑を着け傘を差す武士（放送大学附属図書館蔵）
明治中期／スティルフリード撮影。明治になってから、雨の日の武士の扮装を再現してスタジオで撮影したもの。

甲冑を着けた武士（長崎大学附属図書館蔵）
1863 年／F・ベアト撮影（ボードインコレクション）。鎧下着・袴、そして頬当や佩楯を着け、具足を身にまとい、完全武装甲冑の武士。具足の上から陣羽織を着用している。

薩摩藩と佐土原藩の武士たち（横浜開港資料館蔵）
年代不詳／F・ベアト撮影。文久3年（1863）の薩英戦争の和平交渉のため横浜に派遣されたときに撮影されたとされる。生麦事件を発端とする薩英戦争では、鹿児島湾で英国艦隊と薩摩軍が砲撃戦を行い、大激戦の末、薩摩軍は敗北。その交渉役にあたったのが薩摩藩とその支藩である佐土原藩の武士たちである。

薩摩兵士・野村盛賢（野村靖夫氏蔵・宮崎県総合博物館提供）
[のむら　もりかた／1850-？]
幼名は千代治、健介と称した。薩摩藩士野村盛祐の子。穆佐村出身。戊辰戦争で、薩摩藩二番隊の小頭をつとめ、京都を警衛し、明治２年（1869）に鹿児島常備隊の小隊長となった。同４年、近衛隊に入るも同６年には辞職し、帰郷する。同９年、宮崎県第１大区９小区戸長となる。西南戦争では、貴島隊７番小隊長をつとめ、熊本に向かうが、敵弾にあたり、高岡病院に至る。その後、須木村本営付中隊長、正義隊９番中隊と龍口隊１小隊を指揮するも、敗北。懲役５年の後、宮崎県西臼杵郡長となり、同39年、隠居した。『西南紀伝』では、「盛賢、人と為り、状貌魁偉、風采美なり。性行謹厳にして沈深度あり」と評されている人物である。写真は西南戦争時に撮影。

1864年2月～1864年8月

文久遣仏使節団

［元治元年1月～元治元年7月］

池田長発（三宅立雄氏蔵、流通経済大学三宅雪嶺記念資料館協力）［いけだ　ながおき／1837-1879］

嘉永6年(1853)、小普請入り。文久2年(1862)、外国掛目付となり、翌年筆頭目付を経て、外国奉行に転任。文久3年の遣仏使節団の正使に任命される。帰国後、軍艦奉行を経、維新後は近代教育に尽力した（ナダール撮影）。

文久三年（一八六三）五月一〇日、朝廷から「攘夷沙汰書」が下った。これにより、実際に攘夷を行ったのは長州藩だけであったが、長州藩は下関海峡を通過する米仏蘭船に砲撃を加え、その後、外国から報復を受けた。

その一方で、朝廷から大政の再委任をされた幕府は長崎・箱館・横浜の開港場を全て封鎖するか、それとも横浜港のみを封鎖するかという選択に迫られていた。結局、幕府は横浜一港の封鎖を決定する。その際、期間を定めた限定的鎖港にするか、期限を決めない永久鎖港かの決断に迫られた。これも永久鎖港を選択し、横浜永久鎖港交渉を条約締結国（英・仏・米・蘭・露・葡・普・瑞）と行うこととなった。そこで、密かに駐日米国公使と蘭国公使を呼び、その旨を伝えたところ、国内での交渉は不可能という結論に至り、急遽《きゅうきょ》条約締結国に使節団を派遣することとなった。

そこで、同三年十月二十五日、老中板倉《いたくら》周防守勝静《かつきよ》の命によって、目付杉浦《すぎうら》兵庫頭勝静《かつきよ》が人選の草案を作成した（『杉浦梅潭目付日記』）。第一案は、正使に若年寄格兼学問所奉行秋月《あきづき》右京亮種樹《うきょうのすけたねたつ》、副使に大目付大久保《おおくぼ》豊後守忠恕《ただひろ》、大目付に杉浦、外国奉行池田《いけだ》筑後守長発《ながおき》、目付岩田半太郎《いわたはんたろう》、勘定吟味役木《き》村敬蔵《むらけいぞう》の名前が挙がっている。第二案は、正使に老中松平左兵衛督信発《まつだいらさひょうえのかみのぶおき》、副使に外国奉行河津三郎太郎《かわづさぶろうたろう》、大目付に長崎奉行服部《はっとり》長門守常純《つねずみ》、目付佐々木脩輔《ささきしゅうすけ》の名前が挙がった。第三案は、正使に老中格小《お》笠原図書頭長行《がさわらずしょのかみながみち》、副使に外国奉行竹本《たけもと》甲斐守正雅《まさつね》、大目付に箱館奉行小出《こいで》大和守秀実《ひでみ》、目付設楽岩次郎《したらいわじろう》の名前が挙がった。

河田　熙（東京大学史料編纂所蔵）
［かわた　ひろむ／1835-1900］
奥右筆を経て、文久２年（1862）外国奉行支配組頭となる。同３年遣仏使節団の監察になるにあたり、目付へ転任。帰国後、大目付等を歴任。維新後は、徳川家子女の教育にあたった。

河津祐邦（三宅立雄氏蔵、流通経済大学三宅雪嶺記念資料館協力）［かわつ　すけくに／1837-1868］
箱館奉行支配組頭、新徴組頭となる。文久３年（1863）、フランスに行くにあたり外国奉行となり、副使に任命される。帰国後、外国事務総裁や若年寄を歴任した（ナダール撮影）。

老中や若年寄を使節団のメンバーにしなければならないほど、事情が切迫していたのである。しかし、最終的には正使池田筑後守長発、副使河津伊豆守祐邦《すけくに》、監察に目付河田《かわだ》相模守熙《ひろむ》という人事となった。

こうして決定した総勢三四名の使節団は横浜鎖港交渉を主とする任務を帯びて、同三年一二月二九日、横浜を出発した。その途中、上海で密航中の薩摩藩士上野《うえの》景範《かげのり》、芸州の人小林《こばやし》太郎《たろう》、備後の人長尾《ながお》弘作《こうさく》、薩摩の山下《やました》蘭溪《らんけい》らが池田等と共にヨーロッパ行きを企図していたが、池田等の判断により、長崎に送り返された。またエジプトでは、アントニオ・ベアト撮影のスフィンクスの前で撮った使節団一行の写真がある。

フランスに到着した池田使節団一行は、一八六四年五月七日、フランス政府との第一回目の会談を行った。そこではフランス陸軍アフリカ第三連隊付陸軍少尉カミュが殺害された井土ケ谷事件の賠

償問題から始まり、カミュの遺族に対し、幕府は三万二千ドルを支払うこととなった。このほかに、フランス側はパリ覚書に従い、長崎と横浜に保税庫を作ることとの遵守を求めた。
五月一一日の第二回目の会談では、池田らは人心が穏やかではないことを理由に横浜を鎖港し、日本国内の攘夷の鎮静化を図りたいと述べたが、フランス側は条約不履行と判断される場合は軍艦を差し向ける用意があるとし、横浜鎖港は認められないと発言した。
五月一七日の第三回目の会談では、フランス側は横浜・長崎・箱館の三港を自由港（フレー・ハーベン）とするよう申し出た。池田らはこれには同意できないとした。フランスは、下関沖で砲撃されたキャンシャン号の賠償として、幕府が一〇万ドル、長州が四万ドルを支払うよう

スフィンクス前の遣仏使節一行（三宅立雄氏蔵、流通経済大学三宅雪嶺記念資料館協力）
フェリーチェ・ベアトの兄アントニオ・ベアト撮影。エジプト国王と謁見後の記念写真。

に要求した。池田らは一旦回答を保留にし、この会談は終わった。

次の会談が開かれる前に日本使節団がフランスに来ている情報を得たシーボルトが、ヴェルツブルグからパリに駆け付け、池田らのもとにやって来た。交渉の打開策として、シーボルトは使節団に①軍艦建造の発注、②日本人留学生(自然科学の分野)の派遣、③横浜鎖港を行わず、日本の西海岸の一港(下関か鹿児島)を開き、長崎・箱館を自由港とする、④下関砲撃の賠償金を支払う、⑤長州征討にはフランスの武力援助を求める、といった草案を建言した。

五月二八日の第四回目の会談では、シーボルトの草案に沿って、留学生の派遣が決定した。下関の問題については、「秘密会談」を行い、池田がフランスに対して自由航行権を認めた。

六月四日の第五回目の会談では、池田らは長崎・箱館の自由港化を認める代わりとして、横浜の鎖港を認めてほしい旨を申し出たが、フランス側はこれを拒絶した。しかし、留学生や武器・軍艦の用意については、必要があれば認めるとした。

六月一〇日の第六回目の会談で、池田は横浜鎖港交渉は他国へ行っても無理であると判断し、帰国する旨を告げた。

六月二四日の第七回目の会談で、日本語、フランス語、オランダ語からなる「パリ約定」を調印した。内容は、以下の通り(『続通信全覧』編年之部七)である。

第一条…文久三年正月即西洋千八百六十三年七月、仏蘭西皇帝殿下の軍鑑キャンシャンに対し、長門国において発砲せる敵対の処置を改むる為め日本大君殿下の使節、江戸に帰着するの後三月にして仏蘭西皇帝殿下ミニストルに償金としてメキシコドルラル一四万枚を渡すへし、但其内十万枚は政府より出し四万枚は長門の領主より出すへし、
第二条…日本政府は又日本大君殿下の使節帰国の後三ヶ月の内、仏蘭西の船下の関を通行するに方今ある所の障碍を除き、帝に此通路をして自在ならしめんが為め時宜に応じては威力を用い、また仏蘭西海軍隊の指揮官と共に処置する事もあるべし、
第三条…両国政府にて左件を決定せり、則仏

三宅復一（東京大学史料編纂所蔵）
[みやけ　またいち／1848-1938]
蘭方医三宅艮斎の長男。遣仏使節団には、田辺太一の従者として参加。帰国後、初代東京大学医学部長等を歴任した（写真上、ルイ・ルソー撮影）。

田辺太一（東京大学史料編纂所蔵）
[たなべ　たいち／1831-1915]
甲府徽典館教授を経て、外国方書物方出役となり、文久元年（1861）、外国奉行支配組頭へ昇進。遣仏使節団に参加。慶応３年（1867）の徳川昭武使節団にも随行。維新後は外交官として活躍（写真上、ルイ・ルソー撮影）

（三宅立雄氏蔵・流通経済大学三宅雪嶺記念資料館協力）

（三宅立雄氏蔵・流通経済大学三宅雪嶺記念資料館協力）

田中廉太郎
［たなか　れんたろう／1828-1886］
安政元年（1854）、浦賀奉行所与力としてペリー来航に対応した。安政６年には長崎奉行支配調役並兼外国奉行支配調役並を歴任。文久元年、外国奉行支配調役となる。遣仏使節団に参加して後、大砲差図役等を歴任。維新後、民部省監督大佑を務めた後、豊岡県参事兼六等判事等を経た。

蘭西と日本との貿易をして盛んにならしめん為めに安政五年九月三日即西洋千八百五十八年十月九日、江戸に於て結びたる条約の行わるる間は先般大君殿下の政府、外国貿易の為め許せし減税法を仏蘭西産物、或は仏蘭西船輸入利益の為め保存すべし、故に此条約の存する間は日本運上所にて製茶梱包に用ゆべき鉛葉・リルテール（はんだ捕の類）・発籐油・藍・ギブス・石灰の類・錫生・小籠を無税になし、酒類。白砂糖・鉄・ブリキ・器械・織麻・時計・袖表並鎖・硝子細工・薬種は五分、鏡・陶器・衣服の飾・香具・石鹸・武器・小刀類・書物・紙・絵は六分税を取るへし、

　第四条…右の決議は安政五年九月三日即西洋千八百五十八年十月九日、仏蘭西と日本と取結びたる条約を全うするのケ条として両国の君主の調印に及ばず施行すべし、此を以て上に記せる全権の人々、此決議を本紙二通りに認め双方名を記し印を押し巴里府に於て取替せしものなり、

　第一条、二条は長州の問題について取り決めたもの、第三条は税に関する規定、第四条は即日発効することが決定した。

　元治元年（一八六四）七月一八日、池田使節団は当初の予定を繰り上げて横浜に到着した。幕府は彼等の行為を訓令違反であるとして、八月二五日、「パリ約定」を廃棄する事をフランス側に告げた。その後、幕府はまもなく池田らの代わりとして外国奉行星野備中守千之と目付塚原《つかはら》但馬守昌義《まさよし》を派遣しようとしたが、結局は派遣されずに終わった。

　池田使節団は最初から成功の可能性の低い外交交渉を行ったが、彼等の得たものはその後、

(P146 ～ 147 の写真はいずれもルイ・ルソー撮影／東京大学史料編纂所蔵)

益田徳之進

[ますだ　とくのしん／1848-1938]

文久３年（1863）の遣仏使節団に小遣として参加。維新後、井上馨の推薦で大蔵省に入る。明治９年（1876）以降、三井物産会社社長となり、同 11 年、渋沢栄一らと共に東京商法会議所を創設した。以後も三井財閥の発展に尽力した。

矢野二郎

[やの　じろう／1845-1906]

外国方翻訳掛を勤め、文久３年（1863）の遣仏使節団では、同心として随行。帰国後、外務省二等書記官となるが、その後、民間に至り、商法講習所所長等を経、日本麦酒会社等の取締役等を歴任した。

尺振八

[せき　しんぱち／1839-1886]

昌平黌で漢学を学んだ後、万延期に中浜万次郎や西吉十郎から英語を学んだ。文久元年(1861)から、外国方通訳となり、慶応３年（1867）の遣米使節団には通詞御用出役として随行する。維新後は、共立学舎を創設するなど、近代教育に尽力した。

横須賀製鉄所をめぐる日仏関係の道筋をつけたという点でも評価できるものだったといえよう。

益田鷹之助

[ますだ　たかのすけ／1836-?]

佐渡奉行所出身。嘉永元年（1848)、箱館に移り住む。万延元年（1860)、外国奉行支配定役となり、文久３年（1863）の遣仏使節団に随行。益田徳之進は彼の息子。帰国後の動向は不詳。

山内六三郎

[やまのうち　ろくさぶろう／1826-1922]

佐藤泰然から蘭学を習った。文久３年（1863）の遣仏使節団に翻訳御用出役として参加。慶応３年（1867）の徳川昭武使節団にも随行。維新後、八幡製鉄所長官や鹿児島県知事等を歴任。

西吉十郎

[にし　きちじゅうろう／1835-1891]

オランダ通詞の家系。長崎海軍伝習所で伝習掛通弁官、文久３年（1863）の遣仏使節団には調役格通弁御用頭取。帰国後、外国奉行支配調役等を歴任。維新後、司法省に出仕、大審院長となる。

塩田三郎

[しおださぶろう／1843-1889]

代々医官。安政３年（1856)、父順庵に随い、箱館へ。漢学を栗本瑞見に、英語を名村五八郎に、仏語をメルメ・カションに習った。文久３年（1863）の遣仏使節では、唯一仏語が理解できた通詞である。

(P148 ～ 149 の写真はいずれもルイ・ルソー撮影／東京大学史料編纂所蔵)

乙骨亘

[おつこつ　わたる／? -1888]

乙骨耐軒の二男。甲府徽典館学頭を勤め、文久３年（1863）の遣仏使節団に理髪師兼医師として随行。帰国後、海軍伝習通弁御用手伝出役。維新後、上田家の養子（息子に上田敏）。開拓使等に勤めた。

原田吾一

[はらだ　ごいち／1830-1901]

蕃書調所出役教授手伝海陸軍兵書取調出役。その後オランダ留学生に加わり兵学を学ぶ。明治４年（1871）、山田顕義に随って渡欧。その後、陸軍少将にまで昇った。

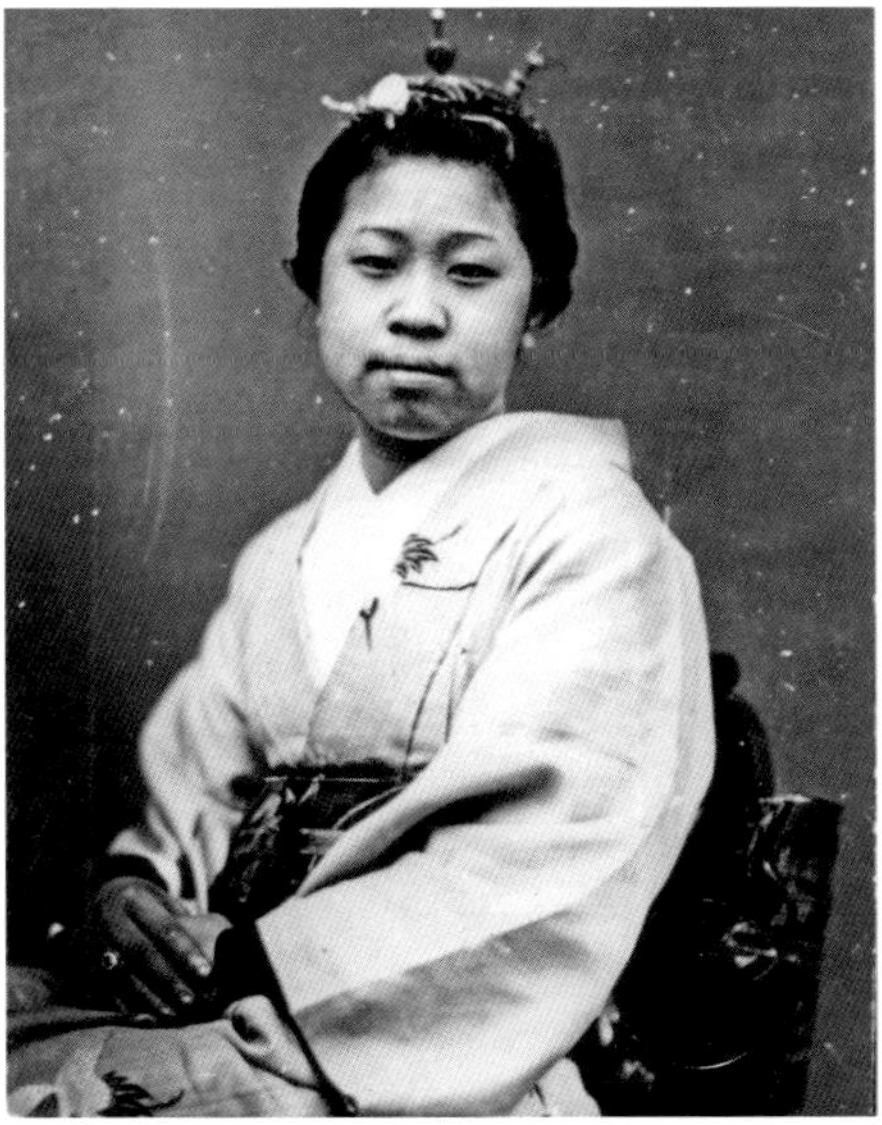

すみ

使節団やフランスの記録に彼女の情報がないため、慶応３年(1867)の徳川昭武使節団に加わったすみ・かね・さとのすみだと考えられ、写真が混ざって今日伝えられたものとみられる。

須藤時一郎

[すどう　ときいちろう／1841-1903]

昌平黌で漢学を学ぶ。文久３年（1863）外国奉行支配調役並となり遣仏使節団に随行。帰国後、戊辰戦争を戦う。維新後は共立学校で英語を教え、大蔵省に出仕。その後、東京府会議員等を歴任。

1865年6月〜1866年3月

慶応遣英仏使節団

［慶応元年閏5月〜慶応2年1月］

ペリー来航以降、幕府は海防を実施する上で、軍艦の必要性を痛感していた。更に、船の数が増えてくると、その為の修理場も必要となってきた。そこで、幕府はドッグと造船所建設の斡旋を駐日フランス総領事兼全権公使ロッシュに依頼し、ロッシュはそれを本国の外務省や海軍省へ連絡した。更に、東洋艦隊司令長官ジョーレス海軍少将と協議し、五人の技師候補の内、ヴェルニーを寧波から呼び寄せ、造船所の計画を練らせた。

幕府は当初江戸の石川島に造船所を作る予定だったが、調査の結果、地形がツーロンに似ていることから神奈川の横須賀の地が選ばれた。慶応元年（一八六五）一月、ヴェルニーは上海からやって来て、「製鉄所建設原案」（八節）を作成し、それを幕府に提出し、「製鉄所約定書」を交付した。その内容は次の通り（『続通信全覧』編年之部九）。

一、四ケ年間に、製鉄所一、修船所大小二、造船所三、武器庫、役人・職人等の役所を建設する。

二、横須賀湾にツーロンにあるような横四五〇間、竪二〇〇間ほどの規模の船廠を建設する。

三、製鉄・修船・造船三局を建設する費用として、年約六〇万ドル、四年間で計二四〇万ドルを使用する。

ヴェルニーの計画は周到であった。この事業の中心的推進者は、外国奉行栗本《くりもと》安芸守鯤《こん》であった。彼は、ヴェルニーの案に沿って、フランス海軍工廠の技術者の雇用、機械類の購入、フランスで関係施設の見学等を行い、更に陸軍教官の招聘《しょうへい》、改鋳の為の機械等を購入する必要から「理事官」をフランスに派遣することに決定した。当初の予定では、製鉄所御用掛浅野《あさの》伊賀守氏祐《うじすけ》が理事官を勤める予定だったが、ロッシュの推薦等もあり、最終的には外国奉行柴田《しばた》日向守剛中《たけなか》が撰ばれ、彼には「大日本外国事務奉行兼特命理事官」の肩書が与えられた。メンバーは柴田を中心に外国奉行支配組頭水品楽太郎《みずしならくたろう》、同調役出役富田達三《とみたたつぞう》、同調役並小花作之助《おばなさくのすけ》、フランス語通弁塩田三郎《しおださぶろう》、オランダ語通弁福地源一郎《ふくちげんいちろう》、柴田の従者休左衛門《きゅうざえもん》、藤井万蔵《ふじいまんぞう》（パリで病死し、モンパルナス墓地に眠る）、岡田《おかだ》摂蔵《せつぞう》、小使平七《へいしち》の総勢一〇名である。

慶応元年閏五月五日、イギリスP＆O社の

柴田剛中（東京大学史料編纂所蔵）

塩田三郎（東京大学史料編纂所蔵）

柴田剛中［しばた　たけなか］

① 1823-1877
② 旗本柴田良通の長男

文久遣欧使節団帰国後、外国奉行として活躍。慶応元年（一八六五）、遣英仏使節団に「特命理事官」の肩書で派遣される。横須賀製鉄所の機械購入等を行った。同三年、大坂開市の際には大坂町奉行を務めた。維新後は、隠居して上総に退くも、たびたび外交問題の諮問に答えたという。

塩田三郎［しおだ　さぶろう］

① 1843-1889
② 医師 塩田順庵の子

文久三年（一八六三）の遣仏使節団に参加後、慶応遣英仏使節団にフランス語通弁として随行。慶応三年（一八六七）、外国奉行支配組頭を勤め、維新後は外務官僚として活躍し、明治一八年には中国駐在特命全権公使に任命され、天津条約の処理にもかかわった。

ネポール号で横浜を出港し、閏五月一〇日、上海に到着。同一三日、シンガポール号で上海を出発し、同一七日に香港に入港した。同二〇日、ラングーン号で香港を出発し、シンガポール、ペナンを経て、六月九日、セイロン島のガル港に到着。同一〇日、シムラ号でガル港を出港し、アデン（現イエメン）を経て同二六日、スエズに到着。スエズから地中海岸にあるアレクサンドリアまで蒸気機関車で移動し、同二七日ニアンザ号でアレクサンドリアを出港し、途中マルタを経て、七月五日にマルセイユに到着した。マルセイユでの柴田の様子についてフランスの新聞『イリュストラシオン』紙（一八六五年九月二日号）は、「身分が高く、毅然とした性格と知性を備えた」人物であると紹介し、更に彼は「フランスとイギリスを訪問し、そこで日本に導入しうる行政及び産業の改良法に関して、調査する使命を帯びている」と記している。また、マルセイユでは池田使節団の一員で、この地で亡くなった横山敬一《よこやまたかかず》の墓を参っている。オランダにいた軍鑑組頭肥田濱五郎《ひだはまごろう》と軍鑑組布施鉉吉郎《ふせげんきちろう》と飯田心平《いいだしんぺい》（後の西川真三《にしかわしんぞう》）らもここで合流している。彼等は洋装であったが、柴田は和装でなければ、同行を認めぬとしたため、着衣を改めて合流した。一八六五年九月五日、シーボルトが柴田のもとを訪れているが、柴田の眼にシーボルトは老獪《ろうかい》極まりない人物であると写ったようで全く信頼しなかった。

　同二六日、ハーグ在住の榎本釜次郎が器械購入のためパリを訪れ、澤太郎左衛門《さわたろうざえもん》も火薬製造機購入のため、パリに来たので、ここで肥田・富田・小花・福地らと合流した。同三一日、榎本と澤は器械の買い付けを終え、ハーグに戻った。パリで、使節団はヴェルニーの案内のもと海軍工廠の見学やパリ市内観光等を行っている。

　一二月四日、オランダ留学生の西周助と津田真一郎が帰国の途中パリに立ち寄り、柴田に面談した。また、同一二日、オランダから最後の出島商館長ドンケル・クルティウスと器械方フォス、元駐日総領事デ・ヴィットらが、使節団の帰国に伴う挨拶のためにやってきた。

　柴田はフランス滞在中、横須賀製鉄所に必要な技師・職工の雇用をはじめ、資材・機械等の購入の事務を無事に終え、残りを日本政府の事務取扱代理フルーリー・エラールに任せ、イギリスを訪れ、ここでも調査を行った。その後、ヴェルニーに残務処理を任せ、帰国の途に就いた。

　慶応元年一二月三日（一八六五年一二月一九日）にマルセイユを出発し、慶応二年正月二六日（一八六六年三月一二日）に横浜に着いた。

　柴田らの任務は目的を達成し、やがて横須賀製鉄所が完成し、この施設は明治政府に引き継がれ、後々まで使用される事となる。船の修理や築造のためのドックは港町には欠かせないものであり、横須賀の街の発展をもたらす事となった。

福地源一郎（東京大学史料編纂所蔵）

福地源一郎

［ふくち　げんいちろう］

●1841-1906

●医師福地苟庵の子

文久遣欧使節団に参加後、慶応元年（一八六五）の遣英仏使節団にオランダ語通弁として随行。岩倉使節団にも一等書記官として随行。維新後は、ジャーナリスト、政治、外交、演劇、小説等マルチな才能を発揮した。使節団の記録は『懐往事談』に綴られている。

1865年4月～1868年6月

薩摩イギリス留学生

［元治2年3月～明治元年5月］

薩摩藩は琉球を実質上支配しており、ここに外国船が来航して通商や布教を求めた事から、早い段階で外圧の危機に直面していた。藩主島《しま》津斉彬《づなりあきら》は、集成館事業をはじめ、積極的な近代化政策を進めていった。その一環として、欧米に留学生を派遣する計画を持っていた。安政四年（一八五七）十月、斉彬は市来四郎《いちきしろう》を琉球に派遣し、フランス人宣教師フォルカドと交渉させたが、翌年の七月に斉彬が死去したため、留学生派遣計画は頓挫してしまった。

その後、薩摩藩は薩英戦争に敗れ、西洋の軍事力に対抗するためには、西洋文明を学ばなければならないと感じた。薩英戦争後、開明的な考え方を持っていた五代才助（友厚《ともあつ》）は藩に建白書を提出した。その骨子は第一に上海貿易論、第二に海外留学生派遣論、第三に藩の特産物である黒砂糖を輸出して得た利益で、蒸気軍艦、大砲、小銃、貨幣製造機、農耕機械、紡績機械等を留学生に同行した視察員がヨーロッパ各地で買い付ける事としている。留学生を英仏に派遣するため、留学生一六名並びに通訳を一名選ぶという構想である。

元治（一八六四）元年六月、藩では洋式軍備拡充のため、洋学教育機関として開成所を創設した。開成所でも教授石河確太郎らによって留学生派遣を検討していた。こうして、藩として留学生を派遣する事となり、一〇月に留学生派遣がまとまった。派遣目的は軍事力強化（海陸軍学術習得）であった。そして、翌慶応元年一月十八日に派遣先はイギリスと決定した。その理由は薩英戦争後の対英親善と当時最強と言われたイギリス海軍の技術を学ぶためである。当時は海外渡航禁令が敷かれていたので、変名を使って密航した（カッコ内は変名）。

視察員

大目付　新納《にいろ》刑部久脩《ひさのぶ》（石垣鋭之助《いしがきえいのすけ》）
船奉行　松木弘安《まつきこうあん》（出水泉蔵《でみずせんぞう》、寺島宗則《てらしまむねのり》）
船奉行副役　五代才助（関研蔵《せきけんぞう》）
通弁　堀壮十郎《ほりそうじゅうろう》（高木政次《たかぎまさつぐ》、孝之《たかゆき》）

留学生

大目付　町田《まちだ》民部久成《ひさなり》（上野良太郎《うえのりょうたろう》）
当番頭　畠山丈之助《はたけやまじょうのすけ》（杉浦弘蔵《すぎうらこうぞう》、義成《よしなり》）
同　名越平馬《なごやへいま》（三笠政之介《みかさまさのすけ》、時成《ときなり》）
御小姓組番頭　村橋直衛《むらはしなおえ》（橋直輔《はしなおすけ》、久成）

開成所句読師　田中静洲《たなかせいしゅう》（朝倉省吾《あさくらしょうご》、盛明《もりあき》）
開成所訓導師　鮫島誠蔵《さめじませいぞう》（尚信《なおのぶ》）
開成所諸生（一等）　市来勘十郎《いちきかんじゅうろう》（松村淳蔵《まつむらじゅんぞう》）
同（二等）　森金之丞《もりきんのじょう》（森有礼《ありのり》）
同（二等）　高見弥一《たかみやいち》（松元誠一《まつもとせいいち》）
同（三等）　東郷愛之進《とうごうあいのしん》（岩屋虎之助《いわやとらのすけ》、実吉《さねよし》）
同（三等）　吉田巳二《よしだみじ》（永井五百介、清成《きよなり》）
同（三等）　磯永彦輔《いそながひこすけ》（長沢鼎《ながさわかなえ》）
同　町田申四郎《まちだしんしろう》（塩田権之丞《しおだごんのじょう》、実積《さねづみ》）
同　町田清蔵《まちだせいぞう》（清水謙次郎《しみずけんじろう》、財部実行《たからべさねゆき》）
医師　中村宗見《なかむらそうけん》（吉野清左衛門《よしのせいざえもん》、博愛《ひろやす》）

新納久脩（港区立港郷土資料館蔵）
[にいろ　ひさのぶ／1832-1889]
慶応元年、薩摩藩の大目付となり、留学生を率いて、イギリスに渡る。帰国後、家老となり、外交事務を担当し、藩の開成所を所管した。維新後、各裁判所の判事を歴任。

彼等のほとんどは開成所の出身であり、留学生が組織的に派遣されたことがうかがえる。慶応元年四月十七日、串木野市羽島浦からイギリス貿易商グラバーが用意した蒸気船オースタライエン号で、英国へ渡った。上海までこの船を使い、上海からサウサンプトンまではP＆O社の船に乗り継いだ。六五日の旅だった。六月二一日、留学生一行はロンドンに到着した。途中船で髷を切り落としたものもいたという。ロンドン到着後、多くがロンドン大学に入学した。

新納と五代らは、イギリスで紡績機械を購入し、慶応三年に鹿児島市磯に日本最初の紡績機械工場「鹿児島紡績所」を建設した。ここでは、イギリス人技師が指導に当った。松木はイギリス外務省で、天皇中心の国づくりをする必要性を説き、イギリスの理解を得ている。このことは薩摩藩が倒幕運動を進める上で重要な出来事ということができよう。

明治維新後、鮫島・吉田・中村は共に外国公使となって外交方面で活躍し、田中盛明は生野銀山の開発に携わった。畠山は東京開成学校（現在の東京大学）の初代校長に就任し、森は初代文部大臣となった。市来はアメリカアナポリス海軍兵学校を卒業して明治期の海軍創設に関わり、海軍中将になった。村橋は戊辰戦争で砲隊長として活躍し、その後、北海道開拓使に勤め、サッポロビールの生みの親となった。留学当時最少年（一三歳）の磯永は生涯をアメリカで過ごし、広大な土地にブドウ園を開拓し、ブドウ酒製造に新開拓地を見出し、ワイン王と呼ばれた。新納は帰国後藩の家老を務めた後、司法官となり、町田久成は内務省に出仕し、内国勧業博覧会に従事した。五代は大阪商法会議所を創設して初代会頭となった。松木は外務卿として、条約改正に関わったことはよく知られている。

　彼等の学んだものは明治の世の中にしっかりと息づき、近代化を支えていったのである。

畠山丈之助（義成）[はたけやま　じょうのすけ／1843-1876]
英国に留学後の慶応３年（1867)、渡米し新生社に入るが、翌年脱退。明治４年、米国で岩倉使節団に合流。その後、東京開成学校初代校長等を歴任。

森金之丞（有礼）[もり　きんのじょう／1847-1889]
英国に留学後、露国・仏国・米国を巡り、維新後は文部官僚となり、文部大臣等を歴任。

市来勘十郎[いちき　かんじゅうろう／1842-1920]
英国留学生後、森と行動を共にし、露国・仏国・米国を巡る。海軍中将まで昇りつめた。

中村宗見（博愛）[なかむら　そうけん／1843-1902]
慶応2年（1866)、仏国に渡る。維新後、兵部省・工部省を経て、オランダやポルトガルの駐日弁理公使等を歴任。

高見弥一[たかみ　やいち／1831-1898]
元は土佐郷士大石団蔵。吉田東洋暗殺後、長州藩に逃れた後、薩摩藩に移る。慶応元年(1865)から明治３年(1870)まで英国に留学。帰国後は、藩校造士館で指導にあたった。

村橋直衛（久成）[むらはし　なおえ／1840-1892]
英国に留学後、戊辰戦争に参加し、参謀黒田清隆の配下となる。その後は、開拓使の官僚となる。

東郷愛之進（実吉）[とうごう　あいのしん／1842-1868]
英国留学生として海軍機械史を修めるが、資金不足のため翌年帰国。その後、戊辰戦争に参加するも陣中で死去した。

名越平馬（時成）[なごや　へいま／1845-？]
慶応元年、英国留学生として陸軍学術を学んだが、翌年帰国。その後の足取りは不明。

町田清蔵（実行）[まちだ　せいぞう／1851-？]
長男久成、次男申四郎と共に英国留学する。その後、仏国に渡り、帰国。帰国後、財部実行と改名。

町田久成[まちだ　ひさなり／1838-1897]
帰国後、外務大丞、文部大丞等を歴任し、明治４年(1871)、博物館設立建白書を提出し、初代博物局長に就任。

磯永彦輔[いそなが　ひこすけ／1852-1934]
薩摩藩洋学の草分け的家系。英国留学後、米国に移り、ブドウ園を開き、ブドウ酒を醸造し、「葡萄王」となる。

田中静洲（盛明）[たなか　せいしゅう／1842-1924]
英国に留学の翌年には仏国に移った。帰国後、日本鉱山業界に力を注ぎ、近代日本鉱山開発の礎を担った。

町田申四郎（実積）[まちだ　しんしろう／1847-？]
兄久成、弟清蔵と共に英国に渡り、海軍機械術を学んだ。学費不足のため翌年帰国するが、その後の消息は不明。

鮫島誠蔵（尚信）[さめしま　せいぞう／1845-1880]
英国留学後、米国に渡る。維新後、外務官僚として、明治13年(1880)にはベルギー・スイス兼任公使となるが、パリで客死。

薩摩藩イギリス留学生（尚古集成館蔵）
前列左から杖を持つ畠山丈之助（義成）、森金之丞（有礼）、市来勘十郎、中村宗見（博愛）、後列左から高見弥一、村橋直衛（久成）、東郷愛之進（実吉）、名越平馬（時成）

薩摩藩イギリス留学生（尚古集成館蔵）
前列左から本を持つ町田清蔵（実行）、町田民部（久成）、磯永彦輔、後列左から田中静洲（盛明）、町田申四郎（実積）、鮫島誠蔵（尚信）、松木弘安（寺島宗則）、吉田巳二（清成）

吉田巳二（清成）
[よしだ　みじ／1845-1891]
慶応元年（1865）、英国留学生となる。同３年には米国に渡り、銀行保険の取り扱い方を習得。岩倉使節団に理財担当理事官として随行。その後、条約改正取調御用等を歴任。

松木弘安（寺島宗則）
[まつき　こうあん／1832-1893]
文久遣欧使節随行後、薩英戦争で捕虜となる。慶応元年（1865）には英国留学生案内役として渡英。帰国後、外務卿等を歴任し条約改正に尽力した。

1865年11月〜1868年3月

佐賀藩イギリス留学生

［慶応元年10月〜慶応4年4月］

馬渡八郎（俊邁）（八木正自氏蔵）
［まわたり　はちろう／1839-1875］
長崎海軍伝習に参加。慶応元年、グラバーの仲介でイギリスに留学。その後、パリ万博に参加し、帰国。帰国後、大蔵官僚として大蔵権大丞兼造幣権頭、出納頭等を歴任。

幕末の佐賀藩は、藩主の鍋島直正主導のもと早い段階から近代西洋文明の導入に取り組んでいた。長崎に多くの藩士を送り、洋学を学ばせ、後に藩立英学校致遠館を創設した。

慶応元年（一八六五）一〇月一七日、グラバー商会所有の帆船チャンティクリーア号に密かに乗込んだ佐賀英学伝習生石丸虎之助《いしまるとらのすけ》（安世《やすよ》）と馬渡八郎《まわたりはちろう》（俊邁《としゆき》）の両名は、安芸藩医学修業生野村文夫《のむらふみお》（村田文夫）と共に長崎を出港し、密航という形でイギリスに渡った。三人は海軍を学ぶ事を目的としていた。

慶応二年二月一二日、三人は蒸気船シティ・オブ・アバディーン号に乗って、ロンドンを離れ、グラバーの出身地である東北スコットランドのアバディーン市に到着した。ここで、彼等は留学生活に入る。

グラバーは、西南雄藩に武器・軍艦の売買を行った商人であるが、とりわけ佐賀藩と薩摩藩との関係が深かった。明治元年（一八六八）には、佐賀藩と高島炭鉱の共同経営を行い、最新式の掘削機の輸入を図ったのも彼である。グラバーが三人の留学生の世話をしたのは、文久二年（一八六二）以前に石丸と面識があったからだといわれている。

石丸、馬渡の二人は、佐賀藩のパリ万博使節佐野栄寿左衛門（常民《つねたみ》）等一行が一八六七年六月（慶応三年五月五日）にマルセイユに到着すると、パリに向かい、一行の世話に当る等、藩の御用向きの仕事に従事した。系統的な学問を修める事なく、慶応四年四月に帰国した。帰国後、石丸は佐賀藩の軍事改革や殖産興業に尽力し、まもなく明治政府に出仕、初代電信頭として有田の陶磁製碍子の研究と製造を行っている。また、日本の電信の重要幹線である東京—長崎線や東京—青森線の工事を自ら監督した。その後、大阪造幣局長として日本貨幣制度創設

石丸虎五郎（安世）（八木正自氏蔵）
［いしまる　とらごろう／1839-1902］
長崎海軍伝習に参加。長崎の外国人居留地で情報収集を担当。慶応元年（1865）、イギリスに留学。帰国後、初代電信頭として日本の電信普及に努めた。造幣局長、元老院議官等を歴任。

野村文夫（八木正自氏蔵）
［のむら　ふみお／1836-1891］
緒方洪庵に蘭学・医学を学ぶ。その後、長崎に遊学。慶応元年（1865）にはイギリスに渡る。帰国後、洋学教授、民部省内務を経て『団々珍聞』を創刊。その後、立憲改進党に入党し、政治活動を行った。この時の記録に『乗槎日録』がある。

に関与する他、元老院議官としても活躍した。

　野村は、帰国後、一旦広島に戻り、藩の洋学校教授となった。明治三年一〇月に上京し、翌年八月工部省へ出仕、七等出仕、工学権助を歴任した。明治二年から三年にかけて、イギリス留学中に見聞したことをまとめた『西洋聞見録』を著している。明治一〇年には一切の官を辞し、三月には神田の自邸に「團團社」という新聞社を設立した。直言直筆、滑稽洒脱《こっけいしゅだつ》を売り物に、『團團珍聞《まるまるちんぶん》』や『驥尾団子《きびだんご》』等の新聞雑誌を発行、諷刺のきいたその手法は政府批判や政策揶揄《やゆ》を行い、世間の好評を持した。こうしたジャーナリストとしての精神は、イギリス留学で培われたものといえよう。後に、彼は立憲改進党に入党し党の拡大を図り、『日本』新聞の創設に関わる等、死の直前の明治二四年まで、野村の批判精神は衰えることはなかった。

　佐賀藩留学生はイギリスではほとんど学問的研鑽を磨くことはできなかったものの、現地の空気に触れた事で、ジャーナリストとしての批判の精神やヨーロッパの文明を日本に持ち帰ったことは評価すべき点であろう。

サンクトペテルブルグの宮殿広場

1865年9月～1868年10月
幕府ロシア留学生
［慶応元年7月～明治元年8月］

文久元年（一八六一）に起こったロシア軍鑑ポサドニック号による対馬占拠事件（いわゆるポサドニック号事件）の際、箱館駐在の駐日総領事ゴシケーヴィチと箱館奉行村垣淡路守範正との交渉が事件解決の要因の一つとなった。その際、箱館奉行所はロシア語通詞に長崎稲佐の庄屋出身の志賀浦太郎《しがうらたろう》を雇っていた。彼は安政五年（一八五八）に長崎稲佐悟真寺《いなさごしんじ》でアスコリド号士官ムハーノフからロシア語を学んでおり、交渉にあたっては志賀の役割は大きかった。その志賀がオランダ留学生の派遣に刺激を受け、自分もロシアへ留学したいと考え始めた。元治元年（一八六四）、志賀の考えを支持したゴシケーヴィチは箱館に派遣された外国奉行並柴田日向守剛中にもたびたびロシア留学を献策したが、日本側は受け入れなかった。

慶応元年（一八六五）二月、ゴシケーヴィチは江戸に赴いた際に将軍家茂にロシアへの留学生派遣を要請した。その結果、派遣が認められ、人選に取り掛る事となった。人選は幕臣（主に開成所生徒）の中から志願者を募る形で行われ、実力よりも幕臣の子弟である事が優先された。四月八日に決定した留学生とロシアで学ぶ予定の科目は次の通りである。

箱館奉行支配調役並　山内作左衛門《やまのうちさくざえもん》…歴史・地理・物理・文法・法律
箱館奉行組下同心　志賀浦太郎…最終的に留学に参加できず
開成所英学稽古人世話心得　緒方城次郎《おがたじょうじろう》…精密術
開成所仏学稽古世話心得　市川文吉《いちかわぶんきち》…鉱山学
開成所独乙学稽古人世話心得　大築彦五郎《おおつきひこごろう》…未定
開成所蘭学稽古人世話心得　小沢清次郎《おざわせいじろう》…器械学
田中次郎《たなかじろう》…海軍学

らであった。

七月九日、箱館奉行小出大和守秀実は、箱館のロシア総領事ビューツォフに宛て、志賀の派遣は具合が悪いと述べている。詳しい理由は不明であるが、志賀に不行状があったためといわれている。

七月二六日、一行はロシアの蒸気軍鑑ボガティル号に乗り込み箱館を出港した。なお、この時ロシア軍艦バリアーグ号が箱館から香港まで同行している。ボガディル号は箱館出港後、長崎、香港、シンガポール、バタビア、サイモンズタウン、セントヘレナ島に寄港し、英国のプリマスに向かった。慶応二年一月二七日、プリマスに到着。

　二月九日、プリマスを出港し、フランスのシェルブールに入港した。一行は鉄道で目的地ロシアの首都ペテルブルグに向かい二月一六日に到着した。ロシアでは、前総領事ゴシケーヴィチやヤマトフ（橘耕斎《たちばなこうさい》）らが世話に当たった。しかし、彼等は実際にはロシア語を学ぶのが精一杯で、実際の特定の学術を学ぶには至らなかった。

　八月一日、イギリスに留学していた薩摩藩留学生の沢井鉄馬（森有礼《もりありのり》）と松村淳蔵《まつむらじゅんぞう》（市来勘十郎）はジョージ・アンド・エミリー号に乗って、ロンドンを発ち、ニューカッスルを経て、同二四日、ペテルブルグに到着した。二人の訪問の理由は一つはロシアの国情調査であり、もう一つは幕府のロシア留学生に日本の様子を尋ねたかったからである。ロシア留学生の取締役山内はこの時の様子を「前月中英吉利へ留学のよし薩州人二人見物に相越度々面会仕候」（『信恭魯国行用書抜惢』）と父豊城に報告している。

山内作左衛門（小西晃氏蔵）
［やまのうち　さくざえもん／1836-1886］
安政元年（1854）、箱館奉行支配調役並に昇格、露国留学生の目付として渡露。帰国後近藤勇に追随して甲州鎮撫にあたるが捕縛。山内資生堂を開く。

緒方城次郎（小西晃氏蔵）
［おがた　じょうじろう／1844-1905］
緒方洪庵の三男。幕府開成所英学稽古人世話心得時、露国留学生に選ばれる。維新後、新潟県判事等を務め、帝国大学病院薬局取締、緒方病院薬局長を歴任。著作に『魯語箋』がある。

沢井と松村はロシア留学生六人と交流を持ち、約十日間滞在した。この間、ゴシケーヴィチやプチャーチン伯爵に会っている。九月三日、二人はペテルブルグを離れ、イギリスに帰った。

ロシア留学生は勉学が思うようにはかどらなかったし、ロシアでは分宿が認められなかっただけでなく、専門の学校に入学できなかったり、と自由がほとんどきかなかった。一八六八年七月一六日（慶応四年五月二七日）、市川以外の四名はペテルブルグを発してパリに向かい、八月一八日（七月一日）にパリを発ち、同年八月末に横浜に到着した。山内はこれより前、小出大和守を正使とする遣露使節団の帰国に同行した。

田中次郎（小西晃氏蔵）
［たなか　じろう／1851-?］
慶応元年、露国留学生として鉱山学を学ぶ。帰国後、幕府開成所教授試補となった。

帰国後、山内は江戸開城に当たり、従弟で義兄弟の松本良順《まつもとりょうじゅん》が新選組の近藤勇《こんどういさみ》らと共に行動していたため、嫌疑をかけられ、松本の代わりに投獄された。釈放後、岳父《がくふ》佐藤《さとう》泰然《たいぜん》の世話で明治二年（一八六九）、或は三年頃に横浜で「資生堂」を開業し、同四年、東京で「山内資生堂」を開いた。有名な化粧品メーカーの資生堂とは直接関係がないといわれている。佐藤や松本のおかげもあって、陸軍省御用達として消毒剤石炭酸等を収め、売り上げも多かったという。同一九年三月一二日、日本橋室町の私邸で没した。

緒方は維新後大蔵省に出仕し、後に新潟県判事となった。次いで東京帝国大学医学部附属病院薬局取締となった。退職後、兄惟準《これよし》（洪哉、オランダ留学生）と共に大阪に赴き、緒方病院を開設し、薬局長兼事務長となった。明治三八年三月一〇日に病没している。

大築は帰国後、兄保太郎《やすたろう》のもとにいたが、明治元年一二月に新政府に招かれ、開成学校の教授試補になった。翌二年七月、開成学校大得業

小沢清次郎（小西晃氏蔵）
［おざわ　せいじろう／1850-?］
幕府開成所蘭学稽古人世話心得時、露国留学生となり、器械学を学ぶ。帰国後、開成所教授試補となる。

大築彦五郎（尚正）（小西晃氏蔵）
［おおつき　ひこごろう／1850-1884］
幕府開成所独乙学稽古人世話心得時、慶応元年（一八六五）の露国留学に参加。帰国後、開成所教授試補となり、開拓使大主典等を歴任。

市川文吉（小西晃氏蔵）
［いちかわ　ぶんきち／1847-1927］
幕府開成所仏学稽古人世話心得時、慶応元年の露国留学に参加。露国人女性と結婚。その後、岩倉使節団と共に帰国。明治7年（一八六五）には外務二等書記官として露国の榎本武揚公使を援けた。

生（卒業生）となり、八月、開拓使から蝦夷地開拓使大主典になり、サハリンに赴き、同三年三月帰京した。同九年からは箱館開拓使支庁外事課詰となり、翻訳業に従事した。同一〇年五月病気を理由に辞職。同一七年八月、箱館で病没。

市川はロシアに残り、プチャーチンの秘書として来日した事もある作家ゴンチャローフから語学・文学・歴史を学んだ。ロシア人女性シュヴィロフと結婚し、子供をもうけたが、明治六年に単身帰国した。同七年二月、外務省二等書記官となり、海軍中将兼特命全権公使榎本武揚《えのもとたけあき》に従って、樺太千島交換条約の締結に尽力している。その後、文部省に出仕し、東京外国語学校でロシア語を教え、作家二葉亭四迷《ふたばていしめい》の恩師となった。同一七年、黒田清隆がシベリア経由で欧米旅行を行った際にも通訳として随行し、同二四年に帰国している。その後は隠遁生活に入り、昭和二年（一九二七）七月三〇日に死去した。

留学により大きな成果を得る事はできなかったが、ロシア語を日本に根付かせる上ではその役割を果たしたといえよう。

幕末の残像

町人

床屋（長崎大学附属図書館蔵）
月代を剃り、髷を結い直して、髪形を整える職業が髪結である。現在の理髪業といえる。髪結の仕事場が床であったことから「床屋」の呼称となったといわれる。

一八五二年、イギリスで刊行された日本の総合ガイドブック『日本帝国』（本書「街道と宿場」参照）には、大商人について「裕福であろうが知識があろうが日本では商人は低く見られている」と書かれている。また「物を運んだり売ったりする商売人は尊ばれることはない。しかし、この国で裕福なのはこの身分だけである」、「彼らは派手な生活をしない。奢侈禁止令で規制されていて、彼らはそれに違反することを毛頭考えたこともない。もちろん一本の刀も持つことはできない。ただ中には落ちぶれた領主層もいて、金持ち商人を雇い人にすることで金を得、商人は帯刀の特権を得るということも少なくない。しかし、どんなに金を積んでも、あのスカートのようなズボンをはくことはできない」とある。商人の身分の低さ、しかし裕福なこと、領主が上納金と引き換えに帯刀の特権をあたえたことを記述している。「スカートのようなズボン」とは袴のことであろう。袴は騎馬の侍の表象なので、普段町人にははけない。しかし、特別な場

日本人の集合（長崎大学附属図書館蔵）年代不詳／上野彦馬撮影（上野彦馬アルバム）

合、袴を着用するので、その場合は袴をはく。外国人の記録ではこうした点は注意が必要である。

なお、裕福な商人でもそれほど豪華な生活をしていないことをよしとする日本のあり方を評価している。

箱造り日除船による船遊（長崎大学附属図書館蔵）
年代不詳／臼井秀三郎撮影（臼井秀三郎写真集）
江戸時代、最も豪華で大型だったのが屋形船である。その屋形船より小さく、日除船を一回り大きくして高級な造りにしたのが箱造り日除船である。歌麿や広重の浮世絵にも数多く登場するが、屋形船と日除船は描き分けられている。

傘張り（放送大学附属図書館蔵）
明治２０年代撮影。傘の親骨に扇形に切った「平紙」を張っている傘職人の仕事場の風景。江戸時代の庶民が、実用品として使用した番傘の数々である。

甘酒売り（長崎大学附属図書館蔵）
年代不詳／スティルフリード撮影（スティルフリードアルバム）。甘酒の入った釜と茶碗などが入った道具箱を天秤棒の前後に下げて、担いで売り歩く。甘酒が冷めないように、釜の下には火鉢がある。

篭売り（長崎大学附属図書館蔵）
年代不詳／日下部金兵衛撮影。脚絆白足袋足半に、着物の裾を絡げてバッチョ笠を被った行商人。竹篭のほか、曲げ物の篩や箒・鳥の毛バタキなどが見られる。

食事風景（長崎大学附属図書館蔵）
1863年撮影／F・ベアト撮影（ボードインコレクション）。一人用の食膳や箱膳は外国人には珍しがられたという。

女性（国際日本文化研究センター蔵）
明治中期の撮影。

雪の日のお供（放送大学附属図書館蔵）
明治中期の撮影。スタジオ撮影の写真。御高祖頭巾を被り、高下駄を履き、蛇の目傘を持っての外出。

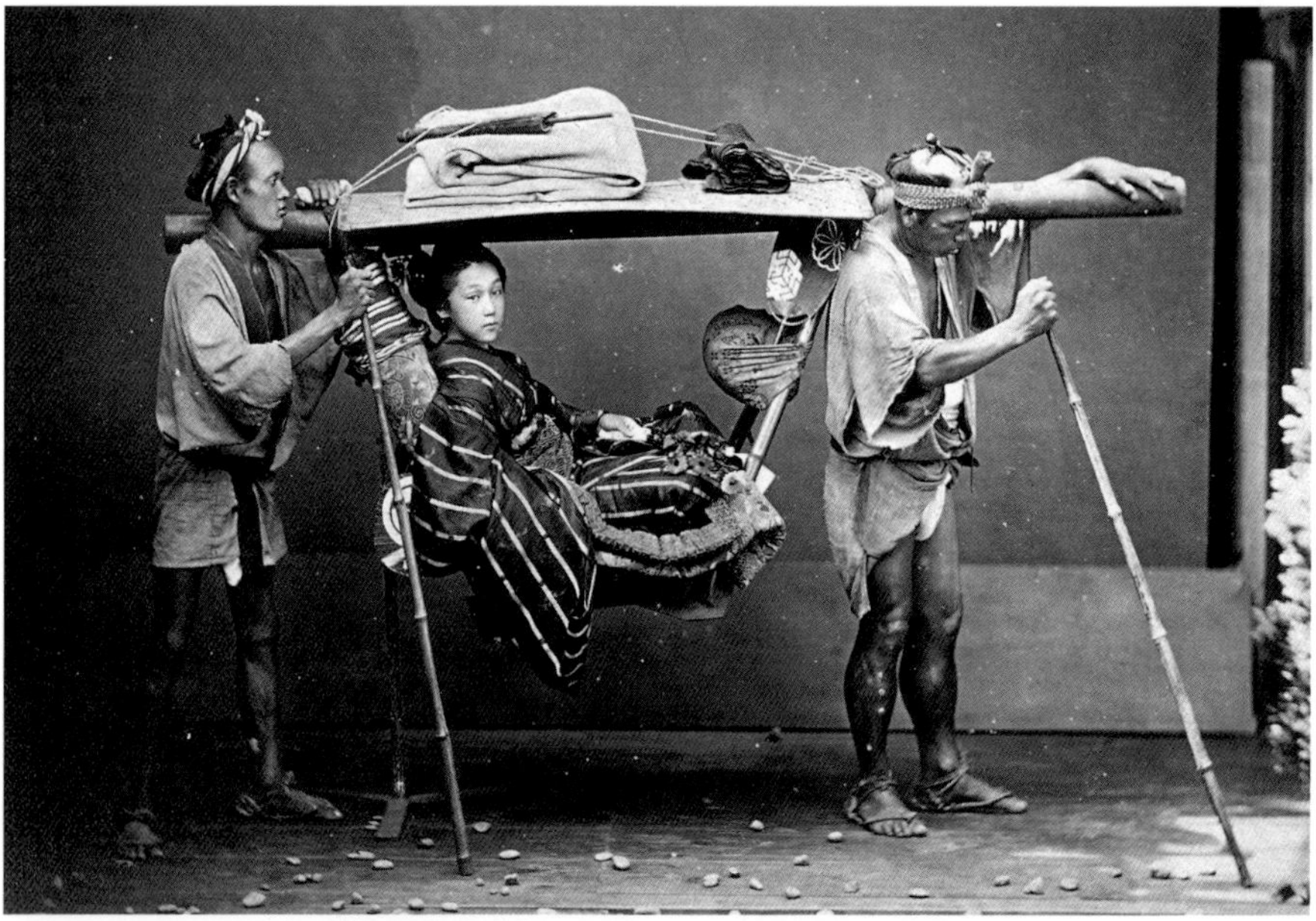

駕篭に乗る娘（放送大学附属図書館蔵）
明治中期の撮影。スタジオ撮影の写真。床に小石を置いて野外の雰囲気を出している。

化粧（放送大学附属図書館蔵）
F・ベアト撮影。上半身を片肌脱ぎにして、顔と首まわりに水白粉を万遍なく塗る女性。

1866年11月～1867年6月

遣露使節団

［慶応2年 10月～慶応3年5月］

ロシア風防寒着をまとう使節団（小西晃氏蔵）
左から通弁箕作秋坪、箱館奉行支配定役並古谷簡一、外国奉行支配調役格通弁名村五八郎。

安政元年（一八五四）の日露通好条約（日露和親条約）の段階から、日露の間に樺太の国境をめぐる問題はつきまとっていた。同条約では、樺太は日露両国の雑居地と定められた。その後、文久二年（一八六二）竹内使節団がロシアを訪れた際、国境の画定交渉を行い、北緯四十八度を境界とする案が出されたが妥協に到らず、最終的には日露両国政府が全権委員を樺太に送り、現地の地形を調査し、協議の上境界を定めるという覚書が取り交わされた。竹内使節団が帰国した翌文久三年七月、ロシアは約束通り沿海州総督カザケヴィッチをニコライエフスクに派遣したが、幕府は代表を送らなかったため、現地での交渉は実現しなかった。

箱館奉行小出《こいで》大和守秀実《ひでみ》は、元治元年（一八六四）九月、ロシア人が久春内《くしゅんない》から更に南に進出している旨の報告を幕府に行った。そうした矢先の慶応二年二月、樺太在勤の定役水上重太夫《みながみしげだゆう》ら八名の官吏が、久春内の北コモシオラを巡察中、ロシア兵に拘束されるという事件が起こった。そこで、小出は自ら江戸に赴き、樺太国境画定交渉を直訴し、幕府もこれを認め、使節団派遣が決定した。慶応二年（一八六六）九月二日に人選が行われ、次のように決定した。

正使　箱館奉行兼外国奉行小出《こいで》大和守秀実《ひでみ》
副使　目付　石川《いしかわ》駿河守利政《としまさ》
通弁　箕作秋坪《みつくりしゅうへい》
徒目付　岩田三蔵《いわたさんぞう》等。

それに小出の従者として、足立豊治郎《あだちとよじろう》が加えられた。また、会津藩士山川大蔵《やまかわおおくら》と田中茂手木《たなかもてぎ》らも随行した。

一〇月一二日、遣露使節総勢一九名は、フランスのメッサジュリ・アンペリアル汽船会社の

石川利政（小西晃氏蔵）
[いしかわ　としまさ／1832-1868]
慶応２年（1866）、目付となり、遣露使節団に随行。帰国後、外国奉行兼兵庫奉行、最後の江戸町奉行を務めるが、幕府と運命を共にした。

小出秀実（小西晃氏蔵）
[こいで　ひでみ／1834-1869]
文久元年（1862）、徒目付を経、翌年、箱館奉行となる。慶応２年、外国奉行兼帯で遣露使節団正使に任命。帰国後、勘定奉行や江戸北町奉行等を歴任。明治２年、刺客にあった。

蒸気船デュプレイ号で横浜を出た。その後、竹内使節団と同じルートを通り、まずフランスに向かった。この使節団に従者として随行していた二人の会津人山川と田中は三月一一日にパリで、万博に参加するため徳川昭武《とくがわあきたけ》に随行していた同僚の横山主税《よこやまちから》と海老名季昌《えびなすえまさ》の二人に出会っている。フランスでは、ナダールの写真館に行き、写真撮影をした。一二月一〇日にパリを出発し、十二日に、ロシアの首都ペテルブルグに到着した。そして、早速皇帝アレクサンドル二世に謁見した。その後、外務省アジア局長ストレモウホフらと十一回程交渉を重ねるも進展は見られなかった。最終的に慶応三年二月二五日、二部からなる樺太島仮規約が調印された。第一部には、ロシア側の提案が以下のようになされている。

　第一条
アニワ湾を以て両国の境界とし、樺太全島をロシアの所領とする。
　第二条
右島上にて日本へ属せる漁業等は今後とも総て是迄の通り、その所得とする。

岩田三蔵（小西晃氏蔵）
［いわた　さんぞう／1822-1887］
慶応2年、徒目付に任命され遣露使節団に随行。維新後は紙幣局判任心得御用掛、印刷局一等技手等を歴任。

第三条
ロシア所属の「ウルップ」近傍に在る「チルボイ」「フラットテルボイ」「プロトン」の三個の小島と共に日本へ譲り、日本領とする。
第四条
右の事が妥結しない場合は、「樺太」島は両国雑居の地とする。

第二部では、日本側は第四条を除くロシア側提案をすべて拒否したことが述べられ、次のような仮規定が提案された。

第一条
樺太で争いがあった場合は双務的領事裁判権で処置する。
第二条
両国所属となった場合は、両国の往来は自由である。また、建築等も双方の自由である。
第三条
島にいる先住民の所有物は全て自由とする。両国人は先住民の同意があれば、彼等を雇う事が出来る。その際、先住民の補償を厚くする。
第四条
前文をロシア政府で述べている存意を日本政府でもし今後同意し、その話し合いをする時は双方の奉行で行う。
第五条
右に掲げる規則は樺太島上の双方長官承知の時から施行する。但し調印後六ヶ月より遅延してはならない。また、ここに挙げていない些細なこと等があった場合も双方の長官で処置する。

とした上で、どちらを採用するかは、日本使節団が帰国後連絡する事となっていた。

ロシア滞在中、小出らはオテル・ド・フランス、つまりホテル住まいであったが、経費を使いすぎたため、急遽ロシアにいたロシア留学生に依頼して、借家を探させ、そこに転宿したという。談判の間にプチャーチン伯爵が使節団を訪問したり、使節団は時間を見つけて、芝居や曲馬等を観たり、硝子器工場、機械局、造船所、植物園、大学等の見学を行っている。

使節団は、慶応三年五月一〇日に横浜に到着し、交渉の経過を報告した。幕府は第二部の案を受け入れ、六月に樺太を従来通り日露両国人雑居とする旨をロシア総領事ビューツォフに通告、七月二六日、各国公使にも知らせた。

小出は、その後もロシアとの関わりを持ち、明治二年（一八六九）六月一〇日、新政府から蝦夷《えぞ》地開拓の件について問いたいので出仕するように命が下った。しかし、二二日、小出は刺客に襲われ絶命した。その刺客は小出の対露交渉を「樺太をロシアに売り渡した」と誤解して刺したといわれている。樺太をめぐる日露の国境画定は幕末に解決する事はなく、明治に持ち越された。明治八年の「樺太・千島交換条約」で一旦は決着をみたものの、太平洋戦争終戦間際にソ連軍が千島列島を占拠した影響は未だ尾を引いており、解決していないのが現状である。

小嶋源兵衛（小西晃氏蔵）
[こじま　げんべえ／生没年不詳]
箱館奉行支配調役並から同支配調役となり、慶応２年(1866)の遣露使節団に随行。

箕作秋坪（小西晃氏蔵）
[みつくり　しゅうへい／1825-1886]
文久遣欧使節団に続き、２度目の海外渡航。維新後には、東京師範学校摂理や東京教育博物館館長等を歴任している。

古谷簡一（小西晃氏蔵）
[ふるや　かんいち／1840-1875]
慶応２年（1866）、箱館奉行支配定役出役として遣露使節団に随行。帰国後、出納権判司事兼皇学所掛、租税権助、勧業助等を歴任。

名村五八郎（小西晃氏蔵）
[なむら　ごはちろう／1826-1876]
安政元年（1854）の日米和親条約翻訳後、万延遣米使節団、遣露使節団にも随行。帰国後は工部省、開拓使仮学校等に勤務。

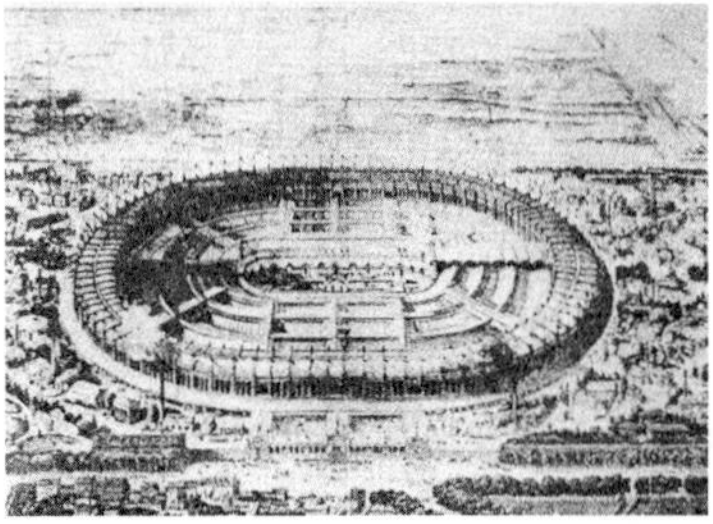

パリ万国博覧会会場

1866年3月〜1867年10月
薩摩藩派遣使節団
［慶応2年2月〜慶応3年9月］

幕府は一八六七年のパリ万国博覧会に参加を決意した際に、士農工商の身分隔たりなく、誰でも出品できるという達しを出した。これに応じたのは佐賀藩と薩摩藩、そして商人の瑞穂屋《みずほや》（清水《しみず》）卯三郎《うさぶろう》だけであった。

薩摩藩は二二五箱程の出品物を用意し、イギリス商人グラバーが用意した二隻の商船（ションハニュン号とトンシン号）に積み込み、うち五一箱は上海で下ろし、幕府の傭船アゾフ号に積み替えたといわれている。また、残りの箱は駐長崎フランス領事デュリーの世話で幕府の別の傭船イースタ・クイン号に分載してフランスに運んだとされている（田辺太一『幕末外交談2』）。

薩摩藩派遣使節団は以下の通り。

使節兼博覧会御用　家老岩下佐次右衛門方平《いわしたさじえもんまさひら》
側役格　市来政清《いちきまさきよ》
博覧会担任　野村宗七《のむらそうしち》
同　渋谷彦助《しぶやげんすけ》
同　岩下清之丞《いわしたきよのじょう》
同　蓑田新平《みのたしんぺい》
その他　白川《しらかわ》（斎藤）健次郎《けんじろう》（モンブラン伯爵の秘書ジラール・ケン）
堀壮十郎《ほりそうじゅうろう》
岩下長十郎《いわしたちょうじゅうろう》（左次右衛門の子、留学のため）
イギリス人　ハリソン
同　ホーム
大工　烏丸啓助《からすまるけいすけ》

使節一行一二名は、慶応二年二月一〇日に鹿児島の山川港《やまがわこう》を出発し、香港・サイゴン・シンガポール・アデン・スエズ・アレクサンドリアを経て慶応三年一月にパリに到着した。一八六七年二月八日付、フランスの『リベルテ』紙には、「日本の国王、琉球国王陛下の使節」と書き立てられた。

約二ヶ月遅れで到着した幕府の使節団は、薩摩藩が幕府のもとで参加すると認識していたため、「琉球国王の使節」と書かれていた事や、博覧会会場に幕府とは別区画で「琉球王国」として島津家の家紋が掲げられて出展されていることに驚いた。これは薩摩藩側があらかじめモンブラン伯爵に依頼していたことによるもの

野村宗七（盛秀）［のむら　そうしち／一八三一・一八七三］（港区立港郷土資料館蔵）
慶応三年（一八六七）、パリ万博で博覧会担任となる。明治二年（一八六八）に長崎県令、同三年日田県令、同四年より埼玉県令等を歴任。

で、モンブランは「琉球王国の博覧会委員長」の肩書を以て様々な手配をしていたのである。モンブランは薩摩藩イギリス留学生五代才助と合弁会社ベルギー会社の設立に尽力しており、新納《にいろ》刑部久脩《ひさのぶ》はモンブランとはかって、幕府とは別に薩摩藩が単独出品をするというパリ万博の構想を練った。薩摩藩イギリス留学生の陰の支えもあり、薩摩藩の万博派遣団は成功したといえよう。

開場式でも岩下は「琉球王国大使」の資格で参加し、他国からは幕府とは別の独立した国（薩摩政府）が出展したというイメージを与えたのである。そのため、幕府の田辺太一《たなべたいち》や駐仏日本公使向山一履《むこうやまかずふみ》らは、猛烈に抗議するも聞き入れられず、幕府の権威を貶《おとし》める結果となり、本国に召還された。この時の薩摩藩が出品したものは漆器、焼物、材木、農具、茶器、竹細工、反物、樟脳、黒砂糖、泡盛等で、琉球から取り寄せたものを中心としたものであった。

薩摩派遣使節団は、幕府が日本を代表する中央政府ではないということを世界に知らしめるのに十分なインパクトを与えたのである。

1866年4月～1868年10月

薩摩藩アメリカ留学生

［慶応2年3月～明治元年9月］

　薩摩藩は、イギリスへの留学生派遣にとどまらず、この後も派遣する準備を整えていた。第二次の派遣が実現するのは、慶応元年（一八六五）であった。兵学修練のため江戸に遊学していた黒田清隆と木藤市助《きとういちすけ》らは海軍軍事技術習得のため留学したい旨を藩の要人の大久保一蔵（利通）に伝えた。大久保から藩庁に届けが出され、英仏米の三ヶ国が留学先の候補に挙がったが、最終的にアメリカに決まった。人選もまとまり派遣されることになったのは次の八人である。

仁礼平輔《にれへいすけ》（景範《かげのり》）、海軍学
江夏蘇助《えなつやすすけ》（栄方《ひさかた》）、海軍学
湯地治左衛門《ゆぢじざえもん》（定基《さだもと》）、農政学
種子島敬輔《たねがしまたかすけ》、法律学
吉原弥次郎《よしわらやじろう》（重俊《しげとし》）、政治学

木藤市助
谷元兵右衛門《たにもとひょうえもん》（道之《みちゆき》）
野村一介《のむらいちすけ》（高文《たかふみ》）

　この中で、吉原、木藤、谷元は島津久光《しまづひさみつ》によって弾圧された寺田屋事件にも加わった人物である。仁礼、江夏は誠忠組のメンバーであり、薩英戦争を戦った男たちである。アメリカ行きが決まった背景にはヨーロッパより滞在費が安い事やアメリカンボード派の牧師ブラウンとフルベッキの斡旋が大きかったといわれている。

　留学生は三回に分けて派遣され、第一陣は仁礼、江夏、湯地、種子島、吉原の五人が、慶応二年三月二八日に長崎を出発し、喜望峰廻りでイギリスへ向かい、イギリス留学生らと一週間合流した後、アメリカに向かった。第二陣は木藤一人で、七月三日に横浜を出発し、ニューヨークへ向かった。彼はブラウン牧師と共にアメリカに向かった。この六人はマサチューセッツ州のモンソン・アカデミーで勉強したが語学不足が響き、慶応三年六月二一日には木藤の自殺という悲劇が起こっている。

　慶応三年六月二六日、第三陣の留学生谷元と野村が、ブラウンと共にアメリカに向かった。その後、種子島と吉原を除く六名は宗教家ハリスの宗教団体（コロニー）「新生社」に参加する。ここには、イギリス留学生畠山丈之助《はたけやまじょうのすけ》、鮫島誠蔵、市来勘十郎、森金之丞、吉田巳二、磯永彦輔、中村宗見のうち、中村を除いた六人が加わって

仁礼平輔（景範）（国立国会図書館蔵）
[にれ　へいすけ／1831-1900]
安政６年（1859）、精忠組に参加。薩英戦争を戦い、慶応３年（1867）アメリカ留学。帰国後、海軍に出仕。第二次伊藤博文内閣の海相を務めた。

トマス・レイク・ハリス
[1823-1906]
アメリカ神秘主義者、詩人、宗教家。1867年、ニューヨークの新生社のコロニーへ畠山義成らが誘われた。

湯地治左衛門（定基）（石黒敬章氏蔵）
[ゆぢ　じざえもん／1843-1928]
慶応２年（1866）、薩摩藩アメリカ留学生となり、ハリスの新生社を訪れた。帰国後、開拓使に勤め、根室県令等を歴任。妹は乃木希典夫人の静子である。

いる。ハリスの説く教義は問題点も多かったため、留学生たちは彼のもとを去った。

　慶応四年、既に政権を担当していた明治新政府から帰国命令が下った。これにより、まず仁礼と江夏が一八六八年七月にアメリカを出発、途中で谷元と合流し、明治元年（一八六八）九月には三人とも帰国した。

　アメリカ留学生たちは、現地でそれぞれがやるべき道を見つけ、それを身につけ帰国し、明治時代に活躍していくのである。

1866年12月～1868年5月
幕府イギリス留学生
［慶応2年10月～慶応4年4月］

幕府では慶応期に、真に有用な士官を養成するために、伝習生をイギリスに留学させ、同国の政治や兵制及び諸学術を学ばせる事に決定した。

慶応元年（一八六五）一一月一九日、老中水《みず》野《の》和泉守忠精《ただきよ》は駐日イギリス特派全権公使兼総領事パークスに「操軍規範」（兵術）伝習のため、留学生を二〇名程派遣したい旨を伝えた。

同年一二月二一日には、老中松平周防守康直との連署で再び伝習生派遣の連絡を行い、三、四〇名程を選抜したいとした。これに対し、パークスは一〇名程に絞るよう伝えている。また同じ頃、幕府外国方の福沢諭吉からもイギリス留学生派遣の建議がなされた（林董《はやしただす》『後は昔の記』）。

慶応二年四月頃、幕府は、幕臣の子弟から留学生を募集した。その結果、約八〇名程の人数が集まったため、一橋門外の蕃書調所で英文和訳・和文英訳などの試験が行われた。そしてこの中から一四名が留学生候補に選ばれた。

同九月、イギリス留学生一四名が決定した。以下に名前と専攻の分かるものは専攻を掲げる。

川路太郎《かわじたろう》（川路聖謨《かわじとしあきら》の嫡孫、寛堂《かんどう》）海軍学取締　歩兵頭並
中村敬輔《なかむらたかすけ》（中村武兵衛《なかむらたけべえ》の子、正直《まさなお》）文学取締　儒者
箕作大六《みつくりだいろく》（箕作秋坪次男、菊池大麓《きくちだいろく》）化学　外国奉行支配調役次席
箕作奎吾《みつくりけいご》（箕作秋坪長男）開成所句読教授出役
市川森三郎《いちかわもりさぶろう》（平岡森三郎《ひらおかもりさぶろう》）政治兵制　開成所英学世話心得
林董三郎《はやしとうさぶろう》（董《ただす》）医学
杉徳次郎《すぎとくじろう》　開成所英学世話心得
成瀬錠五郎《なるせじょうごろう》　開成所英学世話心得
外山捨八《とやますてはち》（正一《まさかず》）開成所英学教授手伝出役
億川一郎《おくがわいちろう》（岸本一郎《きしもといちろう》）御番医師並医学所教授
福澤英之助《ふくざわえいのすけ》（和田慎次郎《わだしんじろう》）外国奉行支配調役
伊東昌之助《いとうまさのすけ》（岡保義《おかやすよし》）医学　寄合医師医学所取締
安井真八郎《やすいしんぱちろう》　寄合医師医学所取締
岩佐源二《いわさげんじ》　政治兵制　寄合医師医学所取締

また、パークスは、イギリス海軍付牧師兼海軍教師ロイドを留学生に付添わせた。慶応二年

一〇月二五日、P&O社の定期船ネポール号で横浜を出発し、上海に向かった。上海からアデン号に乗り換えて香港に入った。香港からエローラ号でセイロン島のガルまで向かい、ガル港からシムラ号でスエズへ。そこから汽車に乗り換え地中海沿岸の都市アレキサンドリアまで行き、タンジョー号でサウサンプトン港まで向かった(一二月二八日到着)。なお、この中のネポール号にはヨーロッパに向かう日本人旅芸人一五、六名が乗っていた。一行の構成は次の通り。

・「独楽廻し」…一三代松井《まつい》源水《げんすい》、女房ハナと娘ミツ
・「手妻」(奇術)…隅田川《すみだがわ》浪五郎《なみごろう》、女房小まんと娘
・「軽業綱渡」…浪七《なみしち》
・「浮かれ蝶」…柳川蝶十郎《やながわちょうじゅうろう》(青木治三郎《あおきじさぶろう》)
・同右…朝吉《あさきち》、山本亀吉《やまもとかめきち》、小滝《こたき》、太郎吉《たろうきち》、矢奈川嘉七《やながわかしち》

その他、七歳と八歳の少年も含まれていた。彼等はフランスのパリ万博でその芸を披露している。慶応三年六月一九日には、徳川昭武一行がこの芸人らの演芸を見物している。

幕府はイギリス留学生を派遣する前、慶応二年四月九日に、「海外渡航差許布告」を公布した。これにより、身分に関わらず、届け出を出し、免許・印章が与えられれば、条約締結国に出かけることが出来るようになった。しかし、条約にこのことが盛り込まれたのは、慶応二年六月二一日にベルギーとの間で締結された附属約書全一一条(日白修好通商条約全一三カ条とは別)においてである。この附属約書の第九条に日本人が海外に出る場合の規程がたった。この条約が批准交換されるのが、慶応三年八月一三日で

川路太郎(東京大学史料編纂所蔵)
[かわじ　たろう/1844-1927]
箕作阮甫や中浜万次郎に学び、蕃書調所に入る。慶応2年(1866)、横浜仏語伝習所の第一期生となった。翌年、イギリス留学生頭取として派遣。帰国後、岩倉使節団にも随行。その後、大蔵省外国文書課長等を歴任。

中村敬輔（正直）
［なかむら　たかすけ／1832-1891］
安政２年、昌平黌教授を経、慶応２年、イギリス留学生として派遣。帰国後、明六社に参加。東京女子師範学校摂理、東京大学教授等を歴任。

あるため、実際上はここで以て初めて海外渡航が可能となったとみるべきであろう。

　慶応三年一月二日、幕府留学生が宿泊するウッズ・ホテルに薩摩藩留学生森金之丞（有《あり》礼《のり》）が突然やってきた。森はどこからか日本人がイギリスにやってきたという情報を入手し、彼等に会いに来たのである。

　ロンドンで留学生たちは、ロイドや他の教師から個人的に授業を受けながら合宿生活を続けた。しかし、彼等はロイドとは全く気が合わず、不満を訴えるようになった。留学生たちはロイドの行動から彼が私腹をこやし、権力を利用していると見ていたのである。その後、川路・中村・市川・箕作大六以外の一〇名は分宿するようになった。慶応三年一一月に留学生らは幕府に対してロイド解任要求を行っている。同時に川路・中村・岩佐以外はロンドン大学ユニヴァーシティ・カレッジのジュニア・スクールに入学し、ここで語学の研鑽を行おうとした。その矢先、徳川慶喜が大政奉還を行った。慶応四年閏四月九日付の栗本安芸守錕宛の書簡で在欧留学生に対して帰国命令が出された。こうして、留学生たちは帰国を余儀なくされたのである。

　川路と中村は、徳川昭武《とくがわあきたけ》に随行してフランスに滞在していた渋沢篤太夫《しぶさわとくだゆう》（栄一《えいいち》）を通じて旅費を捻出し、閏四月二四日に留学生一四名はパリに集結し、他の留学生たちと合流した。一行は七月一四日に横浜に到着したが、彼等を派遣した幕府は既に無くなっていた。

　幕府のイギリス留学生たちはロイドとの不和であったり、幕府瓦解という不運に見回られたが帰国後、静岡学問所の教師となったり、新政府へ出仕し再度留学を果したり、明治四年の岩倉使節団に随行した者等もいた。まさに、ピンチの後にチャンスありだ。これが幕府留学生たちのたどった道であった。

箕作大六（菊池大麓）［みつくり　だいろく／1855-1917］
箕作秋坪二男。蕃書調所に入学。慶応２年、イギリス留学生となる。明治３年、イギリスに再留学を果たし、明治10年帰国。その後、東京大学理学部教授を勤め、東京数学会社等（日本数学物理学会）を設立した。

（P166 ～ 167 写真すべて東京大学史料編纂所蔵）

市川森三郎［いちかわ　もりさぶろう／1852-1882］
文久２年、洋書調所に入る。慶応２年、イギリスに留学。明治10年、再渡英。帰国後、東京帝国大学理学部教授等を歴任。

箕作奎吾［みつくり　けいご／1852-1871］
箕作秋坪長男。慶応２年、開成所句読教授を経、イギリスに留学。帰国後、大学中助教、大助教等を歴任。

林董三郎（董）［はやし　とうさぶろう／1850-1913］
ヘボンに英語を習う。慶応２年のイギリス留学生。帰国後、戊辰戦争を戦う。その後、岩倉使節団や有栖川宮の訪露に随行。外務大臣や逓信大臣にもなった。

右写真
外山捨八（正一）［とやま　すてはち／1848-1900］
箕作麟祥から英語を学ぶ。文久３年（1863）、開成所教授手伝並出役となり、慶応２年（1866）、イギリスへ。明治３年（1870）、森有礼に随いアメリカへ。その後、東京帝国大学総長や文部大臣等を歴任。

左写真
杉徳次郎［すぎ　とくじろう／1850 - ?］
杉亨二の甥。開成所英学世話心得として、慶応２年イギリスに留学。帰国後、静岡学問所四等教授や沼津兵学校教員となった。

1867年2月〜1867年7月
慶応遣米使節団
［慶応3年1月〜慶応3年6月］

尺振八（東京大学史料編纂所蔵）
［せき　しんぱち／1839-1886］
維新後、共立学舎を創設し、教育方面に活躍。

　文久二年（一八六二）、竹内下野守保徳を正使とする使節団がヨーロッパを廻っていた頃、老中久世大和守広周・安藤対馬守信行は軍備拡張のため、軍艦三隻をアメリカから購入することに決し、同時に留学生もアメリカに派遣しようとしていた。しかし、アメリカではリンカーン大統領が奴隷解放宣言を行い、これに南部十一州が反対したことから南北戦争が勃発した。このため、榎本《えのもと》釜次郎《かまじろう》以下の留学生をオランダに派遣することとし、購入する軍艦も一隻をオランダに発注することに決定した。これが開陽丸である。

　南北戦争が終わり、慶応二年（一八六六）二月二〇日、アメリカに発注していた軍艦の内、富士山丸が日本に送られてきた。元々は元治元年（一八六四）一〇月に回航予定であったが、下関戦争のため、イギリスの申し出によって出航差し止めとなっていたのである。富士山丸はニューヨークにあるウェスターヴェルト・アンド・サンズ造船所で一八六四年に建造された船である。しかし幕府からの前渡金五〇万ドルほどが未だ渡されずに残っていたので、この始末をつけなければならなかった。契約が中々実行されなかったため幕府が調査した結果、駐日アメリカ弁理公使兼総領事プリュインが幕府の発注をアメリカ政府に取り次がず、彼が個人的に注文を引き受けている事が判明した。そこで、二隻分の発注をキャンセルして残金を回収し、改めて残りの軍艦を購入する事とした。そこで、幕府は以下のメンバーに命令し、使節団をアメリカに派遣する事に決定した。

　勘定吟味役　小野《おの》友五郎《ともごろう》（委員長）
　開成所頭取並　松本《まつもと》寿太夫《じゅだゆう》（副委員長）

小野友五郎（笠間市教育委員会蔵）
[おの　ともごろう／1817-1898]
長崎海軍伝習所１期生。万延遣米使節団に測量方として随行。軍艦千代田形製造にかかわる。慶応３年（1866）、遣米使節団の委員長となる。維新後は製塩改良事業に専念。

外国奉行支配調役次席翻訳御用　福沢諭吉《ふくざわゆきち》（通弁）
外国奉行支配通弁御用出役　津田仙弥《つだせんや》（同）
箱館奉行支配同心格通弁御用外国方御雇　尺《せき》振八《しんぱち》（同）
小十人格御軍艦組一等　小笠原賢蔵《おがさわらけんぞう》（海軍）
小十人格御軍艦組一等　岩田平作《いわたへいさく》（同）
海軍奉行並組勘定吟味方下役出役　神野信之《かんのしんの》丞《じょう》（庶務会計）

以上八名に、家来二名を加え、その他にサンフランシスコで雇い入れたチャーレスというイギリス人の小使を入れて総勢一一名という人数であった。一行は、慶応三（一八六七）年一月二三日、米国パシフィック・メール社の外輪蒸気船コロラド号で横浜を出発し、二月一六日にはサンフランシスコに入った。二月二六日、外輪船ゴールデン・エージ号で出発し、途中アカプルコを経由し、三月一一日にパナマに入港した。その後、汽車でパナマ地峡を横断し、同日の内にアスピンウォールに到着した。三月一一日、アスピンウォールから外輪蒸気船ニューヨーク号で出発し、同一九日、ニューヨーク

甲鉄

甲鉄は南軍の発注で、フランスボルドーにあるアルマン・ブラザーズ造船所で建造された木造装甲鑑である。1864年11月、完成するも北軍により、差し止められ、デンマーク軍に売り渡され、ステルコッダーと名付けられ、1865年、南軍がデンマークから買い、ストーンウォールと名付けた。排水量は1358トン、全長60メートル、1200馬力、速力10.8ノット、アームストロング砲搭載。

ジョン・マーサー・ブルック [1826-1906]

アメリカ海軍大尉。1854-56年、北太平洋測量艦隊の旗艦ビンセンス号の艦載艇に乗り、下田から箱館まで測量。1859年、測量船フェモニア・クーパー号艦長として横浜で、暴風にあい難破。万延遣米使節団に随行、木村喜毅の進言で咸臨丸に乗りこんだ。帰国後、南軍の海軍技師。南北戦争後、バージニア陸軍大学の物理学教授となった。

に到着した。この地で咸臨丸に同乗したブルック海軍大尉と再会し、軍艦購入に関するアドバイスを得た。ブルックは南軍の海軍技術士官として装甲鑑ヴァージニア号の設計を担当した人物であった。

ワシントンに移り、小野はプリュインと残金の回収について交渉したが、幕府の支払った代金から富士山丸の代金、抑留費、富士山丸のほかに購入した兵器の代金の合計を差し引き、残金として日本側は約五〇両を受領した。小野は早速残りの軍鑑の調査に入ったが、結局ワシントン海軍工廠に繋留中のストーンウォール号を購入することにした。船の価格は四〇万ドル、これに回航費一〇万ドルを加えて総額は五〇万ドルとなったが、取りあえず内金として三分の四の支払いを行い、残りで一一インチ・ダールグレン砲一門と新式のガトリングガンを購入した。購入を終えた小野らは慶応三年六月に横浜に戻っている。ストーンウォールはケープホーン経由で日本に回航され、慶応四年四月に横浜に到着した。し

富士山丸

ニューヨークのウェスターヴェルト・アンド・サンズ造船所で建造。1864年11月にニューヨークから日本に向かう予定だったが、下関戦争の影響で、日本の手に渡らず、1866年4月に入って日本の手に渡った。全長63.09メートル、排水量1000トン、360馬力、速力8ノット、備砲12門。

福沢諭吉（東京大学史料編纂所蔵）
［ふくざわ　ゆきち／1834-1901］
この使節団でアメリカを訪れた際、『ウェートランド経済書』を購入。渡航中、船で酒を飲み、「幕府はぶっつぶす以外ない」と暴言を吐いた事で知られる。帰国後、慶応義塾を三田に移転して多くの秀英を育て、教育界や思想家として活躍。

かし、この時、既に幕府は崩壊し、江戸湾では榎本艦隊と新政府軍の艦隊が睨み合っていた。新政府軍の艦隊の中には幕府から引き渡された富士山丸が含まれていた。アメリカは局外中立の方針をとっていたためストーンウォール号をどちらに渡す事もできないまま船を抑留した。明治元年一二月二八日に局外中立の方針が解かれ、ストーンウォール号は新政府軍に渡り、「甲鉄」と命名された。この船が箱館戦争で榎本艦隊に大打撃を与えたことはよく知られている。

また、この使節団の中で小野と福沢は反りが合わなかったらしくしばしば衝突を起こしていたという（富田正文『考証福澤諭吉』上巻）。

この使節団の軍艦購入はうまくいったものの最終的に幕府が瓦解してしまったため、幕府海軍の充実にはつながらなかった。しかし、ストーンウォール号やその他の幕府艦隊が新政府に引き渡されたことによって、明治海軍の基礎が築かれたのである。

1867 年2月～1868 年 12 月

慶応幕府遣仏使節団

［慶応3年1月～明治元年 11 月］

衣冠束帯姿の徳川昭武

（松戸市立戸定歴史館蔵）

兄徳川慶喜の名代としてフランスへ。「プリンス」と称され、外国社交界に進出。ディスデリ撮影。

一八六七年にフランスはパリで万国博覧会を開く事を決定した。この時、駐日フランス公使ロッシュの熱心な勧誘もあり、第一五代将軍徳川《とくがわ》慶喜《よしのぶ》の名代として弟の徳川昭武《あきたけ》を万博に派遣する事となった。随員は駐仏日本公使向山《むこうやま》隼人正《はやとのかみ》一履《かずふみ》を含む三一名（昭武及び従者・小使も含む）が選ばれ、使節団が構成された。

慶応三年一月一一日、フランス郵船会社MI社の船アルフェー号で横浜を出発し、同二〇日に上海に寄港して香港に入港した。同二二日、アンペラトリス号に乗り換え、香港を出発。途中、サイゴン、シンガポール、ガル、アデンに立寄り、二月二一日、スエズに入った。スエズからは汽車でアレキサンドリアに向かい、そこから同二三日にサイド号で出発、同二九日、マルセイユに到着している。

パリに入って早々に起きたのが薩摩藩派遣使節団との問題であった。この一報がロッシュのもとに届いたのは慶応三年四月であった。四月一三日、ロッシュは慶喜に対して次の意見書を出した。①大君政府の由来を明らかにすること、②天皇が長期にわたり政治に関与していないこと、③朝廷が大君の扶助を受けていること、④諸侯が大君の命に服従していること、⑤天皇は官爵を授与するが実権はないこと、⑥天皇が政権を掌握することは内乱を招き、国家が乱れること等である。これを実行する事で薩摩藩の動きを封じることが出来るとしたのである。そして、この六項目を盛り込んだ声明文を作成しだい、栗本安芸守鋸に持たせてフランスに渡らせ、向山と共に声明文を英訳・仏訳してパリ駐留の公使達に配布し、ロンドンやパリの有名な新聞に掲載させるように助言した。慶喜はこれを受け入れ、早速ロッシュの主張を実行した。このことによって、昭武派遣の任務は、幕府の正当

徳川昭武［とくがわ　あきたけ／1853-1910］（松戸市立戸定歴史館蔵）
元治元年（1864）、禁門の変で活躍。慶応３年（1867）、パリ万博に将軍名代として参加。帰国後、水戸藩知事となり、廃藩置県を迎える。明治９年（1876）、アメリカ万博御用掛を務めた後、フランスに再留学。晩年は写真を趣味とした。パリのホテル・ルーブルでディスデリ撮影。

性を対外的にアピールし、その正当性をより強固なものにすることが付け加わった。薩摩藩の出品に対して、博覧会場の看板や出品目録から「琉球」の文言を削除した事は、対抗策が功を奏した結果とみることができよう。

　また、この使節団には駐日イギリス公使館付通訳官アレクサンダー・シーボルトも随行しており、使節団の動向をイギリス外務省のハモンド次官に報告している。

　また、万博では日本から来た芸人や曲芸師の公演があり、好評を博しただけでなく、昭武も自ら見学に出向いた。更に、瑞穂屋（清水）卯三郎《うさぶろう》が連れてきたすみ、かね、さとの三人の女性も今でいうコンパニオンとして幕府の展示

山高信離（松戸市立戸定歴史館蔵）
［やまたか　のぶつら／1842-1907］
兄は堀利熙。元治元年（1864）、目付となり、慶応3年（1867）にはパリに昭武傅役として随行。帰国後、博物館行政に携わる。明治27年（1894）、初代帝国京都博物館兼帝国奈良博物館長となった。

ブースで着物姿で接待を行う等、日本の文化の紹介に一役買い、ヨーロッパにおけるジャポニズムの高揚に寄与した。

昭武は万博に参加した後、スイス、オランダ、ベルギー、イタリア、マルタ、イギリスを歴訪している。スイス、ベルギー、イタリアに日本から、使節団が訪れたのは条約締結後初めての事であった。

しかし、慶応三年（一八六七）徳川慶喜が大政奉還を行い、幕府は消滅する事となり、使節団や海外にいる留学生等の幕臣達に帰国命令が出された。一同は昭武の待つパリに集合し、明治元年一一月には日本に帰国した。

徳川昭武使節団は昭武が「プリンス」として注目を浴びただけでなく、徳川幕府の正当性や日本の文化の紹介を行う等の役割を果たしたほか、帰国後、新政府の要職に就くなど、日本の近代化に与えた影響は少なからずあったといえよう。

マルセイユに集まった日本人留学生と使節団（松戸市立戸定歴史館蔵）
写真前列、左からアレキサンダー・シーボルト、保科俊太郎、山高信離、井坂泉太郎、徳川昭武、向山一履、田辺太一、レオン・デェリー。後列左には渋澤栄一、山内文次郎、高松凌雲、木村宗三、服部潤次郎、皆川源吾、加治権三郎、大井六郎左衛門、三輪瑞蔵、杉浦譲、山内六三郎、生島孫太郎、日比野清作、箕作麟祥などがいる。（ヴァレリー撮影）

箕作貞一郎（麟祥）（松戸市立戸定歴史館蔵）
［みつくり　ていいちろう／1846-1897］
祖父は箕作阮甫、父は箕作省吾。開成所教授見習・外国奉行支配翻訳御用頭取等を経、慶応３年、パリへ赴く。帰国後、大学中博士等を歴任。我が国の法律の基礎を築いた。

向山一履（松戸市立戸定歴史館蔵）
［むこうやま　かずふみ／1826-1897］
昌平黌に学び、箱館奉行支配組頭、外国奉行支配組頭等を務める。その後、目付を経て、慶応３年、駐仏日本全権公使となる。維新後は、静岡開成所や沼津兵学校で教え、晩年は詩作にふけった。

1867年9月〜1868年12月

慶応幕府遣仏留学生

［慶応3年8月〜明治元年11月］

駐日イギリス特派全権公使パークスの斡旋によって幕府からイギリス留学生が派遣された。これに刺激された駐日フランス全権公使ロッシュは幕府へ留学を持ちかけ、カションの働きかけもあって、幕府はフランスへの万博使節及び留学生派遣を決定した。その背景にはイギリスとフランスとの対日政策をめぐる主導権争いがあった。

慶応二年（一八六六）一一月、パリへ向けて出発した徳川昭武一行はパリ万博に参加する事と留学生として学ぶ事の二つの任務が幕府から与えられていた。パリ到着後、次の八名が留学生となった。

左近衛権少将　徳川《とくがわ》民部大輔昭武《あきたけ》
歩兵奉行　保科俊太郎《ほしなしゅんたろう》（正敬《まさたか》）
砲兵差図役頭取勤方　木村宗三《きむらそうぞう》
大砲差図役勤方　山内文次郎《やまのうちぶんじろう》（勝明《かつあき》）
奥詰医師　高松凌雲《たかまつりょううん》
会津藩家臣　横山主税《よこやまちから》
同　海老名郡次《えびなぐんじ》（季昌《すえまさ》）
唐津藩家臣　尾崎俊蔵《おざきしゅんぞう》

フランスに到着後、フランス駐日公使向山一履と傅役山高信離《やまたかのぶつら》らはフランス政府に昭武の教育掛として宣教師のような宗教に関わっている人物ではなく中立の立場の人を依頼し、ヴィレット陸軍中佐が選ばれた。

会津藩の二人は正式な随行員ではなく、海外視察生として会津から特別に派遣されたのである。フランスに着いてからは昭武とは違う旅館に宿泊したため外国奉行支配組頭田辺太一《たなべたいち》から自由に遊学をしても良いという許可を得た。以後、別行動をとり、結果的にヨーロッパ全体を見て廻り、各地で見聞を広めていった。慶応三年七月から一一月まで、スイス・イタリア・オランダ・ベルギー・プロイセン・オーストリア・ポーランド・ロシア等を歴訪している。海老名はこの時の記録として、『欧州紀行』を残している。また、幕府の遣露使節に加わっていた同郷の山川大蔵《やまかわおおくら》と田中茂手木《たなかもてぎ》らとパリで会っている。

一方、向山と山高らは万博でフランスと様々な軋轢が生じた事やアレクサンダーの働きかけもあって、イギリスへ歓心を寄せ始めた。そこで、幕府は新たに外国奉行栗本安芸守錕をフラ

マルセイユでの徳川昭武と菊池平八郎（松戸市立戸定歴史館蔵）
水戸藩士菊池平八郎は昭武の幼少時から仕えた人物。水戸藩士たちは
外国になじめずに苦悩していたようである。

昭武の乗馬（松戸市立戸定歴史館蔵）
朝７時の起床から午後 10 時の就寝まで、びっしりと勉学のスケジュールの詰まった厳しい留学生活のなかでも、乗馬は楽しい一時であった。彼の自筆日記にも乗馬のことがしばしば登場する。この日記の一部を見て、彼は勉学もろくにせずに乗馬ばかりしていた、大名の勉強というものは、所詮その程度のものであると研究者に誤解されたこともあった。この写真は、慶喜のそれとともに、西洋馬に乗る最も早い時期の日本人の肖像といえるだろう。

ンス駐日公使として派遣する事に決定した。栗本は八月一一日にマルセイユに到着し、最初に使節団の反仏的な動きを封じた。栗本の渡仏後、フランスとの親善関係強化のために、幕府は新たに九名の留学生を横浜仏語学伝習所から派遣した。以下の人物たちである。

栗本貞次郎《くりもとさだじろう》、菅沼貞次《すがぬまさだつぐ》（定長《さだなが》）、小出湧之助《こいでわくのすけ》（有秀《ありひで》）、神原錦之丞《かんばらきんのじょう》、大鳥貞次郎《おおとりさだじろう》、伊東貫造《いとうかんぞう》、大岡松吉《おおおかまつきち》、和田収蔵《わだしゅうぞう》、緒方十郎《おがたじゅうろう》（惟直《これなお》）

彼等のうち、栗本の養子で御持小筒組差図役並栗本貞次郎が、監督役となった。一行は慶応三年八月に横浜を出発し、一〇月九日にパリに到着し、最初に派遣された八名と合流した。しかし、慶応四年三月十六日、日本から徳川幕府消滅の報せを受けた。そのため、急遽帰国の準備をするか、そのままフランスにとどまるかの選択に迫られたが、彼等は、協議の末、幕臣として幕府と運命を共にするのは当然という判断から、帰国することとなった（『高松凌雲翁経歴談』）。

閏四月九日には幕府から幕府留学生すべての引き揚げを速やかに行うよう連絡が届いた。

渋澤栄一（渋沢史料館蔵）
［しぶさわ　えいいち／1840-1931］
一橋慶喜の家来となる。慶応２年（1866）、勘定組頭となり、翌年、パリ万博に参加。維新後、大蔵省や民部省に出仕するが、まもなく退官。その後は、第一国立銀行業など日本の産業育成や社会事業や慈善事業などに多く関係した。

保科俊太郎（東京大学史料編纂所蔵）
［ほしな　しゅんたろう／?-1883］
歩兵差図役頭取、歩兵頭を経て徳川昭武と共に、パリに留学。横浜仏語学校校長格で随行し、留学生８名の世話役となった。帰国後は、陸軍省人員局長を経て、熊本鎮台小倉陣営の司令官となったが、任地で自害した。

これに応じて、徳川昭武使節団に随った勘定格陸軍附調役渋沢篤太夫《しぶさわとくだゆう》（栄一《えいいち》）が手配をして、留学生をフランスに集めて帰国の途に着いた。一行は、閏四月二八日にパリを出発し、一一月三日、横浜に到着した。

　幕府留学生たちの中で、その後特異な行動を行ったのは高松凌雲《たかまつりょううん》である。彼はフランスで慈善病院に通って研修に励み、窮民医療の実態を学んだ。帰国後は榎本武揚《えのもとたけあき》に随って、箱館戦争に参加し、そこでフランスで身に付けた博愛の精神を発揮し、敵味方の別ない医療活動を行った。戦争終結後には東京で同愛社を設立して貧民救助事業を展開する。

　多くの幕府留学生が明治新政府のもとで行き先を失う中、高松のような存在は特異な存在ということができよう。

　幕府留学生たちの命運は幕府が握っていたために、結果としてその後、その成果を生かすことが出来た者が少なかったのは残念だったといわざるをえない。

日進艦

1867年、佐賀藩がオランダのギプス社に発注。1869年に進水。排水量1468トン、4710馬力、速力9ノット。台湾出兵や西南戦争に使用された。

1867年4月〜1868年6月

佐賀藩派遣使節団

［慶応3年3月〜慶応4年5月］

慶応二年（一八六六）、幕府のパリ万博参加の要請を受けて、佐賀藩主鍋島直正《なべしまなおまさ》は「之を聞くや、直に参加するに決し、領内の磁器、白蠟《はくろう》、紙、麻其の物産を蒐集する」（『鍋島直正公伝』）として、一一月には正式に佐賀藩の参加表明と藩からの出品リストを幕府に届け出た。

佐賀藩のメンバーと目的は次の通りである。

佐野栄寿左衛門《さのえいじゅざえもん》（常民《つねたみ》）…事務官長。佐賀藩の軍事指導的立場にあり、パリ万博を契機にオランダで軍艦日進の建造発注とヨーロッパ各地の視察・兵制視察が目的であった。

野中元右衛門《のなかげんえもん》（古水《こすい》）…豪商野中烏犀園本舗の主人。貿易担当として、博覧会の販売主任に選ばれた。

藤山文一《ふじやまふみかず》…精錬方所属。佐野の従者として同行。

深川長右衛門《ふかがわちょうえもん》…野中の従者。商人。第一次上海使節団にも参加。

小出千之助《こいでせんのすけ》…通訳。万延遣米使節団にも同行。

他にも大隈八太郎《おおくまはちたろう》（重信《しげのぶ》）や久米丈一郎《くめじょういちろう》（邦武《くにたけ》）らの名前も候補に挙がっていたが、長崎駐在フランス領事館付警備官ゴルドが、フランスまでの経費や現地に行ってからの滞在費等を考えて最少人数で行くのが良いという意見を述べたこともあり、派遣人数は五名となったのである。

また、アメリカ留学に向かう久留米藩士柘植《つげ》善吾《ぜんご》と岡山藩士花房義質《はなぶさよしただ》も彼等に随行したことが知られている。

使節団五名は慶応三年三月八日、アデリアン英国商会の郵便船フィーロン号に乗船し、九日に長崎を出港。途中、香港、サイゴン、シンガポールを経て、四月二八日にスエズに入った。ここから汽車でアレキサンドリアまで移動し、蒸気船に乗り換えて五月五日にマルセイユに到着した。五月一二日、五人はパリに入った。

パリ万博では「肥前大守政府」の肩書で出品した。佐賀藩から持ち込んだものは煎海鼠《いりこ》・干《ほし》鮑《あわび》・鱶鰭《ふかひれ》・寒天・昆布・鯣《するめ》・鰹節《かつおぶし》・石炭・人参・巻煙草・棕梠《しゅろ》ほうき・塗箸《ぬりばし》・反物・樟脳《しょうのう》等であった。博覧会終了後、百箱は売れたが、残り四百

佐賀藩使節一行（『仏國行路記』より）
前列右から野中元右衛門（商人）、佐野栄寿左衛門（事務官長）、小出千之助（通訳）、
後列右から深川長右衛門（商人）、藤山文一（精錬方）

箱余りが売れ残ったようである。

また、パリに入ってからまもなく、病気がちだった野中が急死した。彼はパリの「東の墓地」（元ペール・ラシエーズ墓地）に眠っている。野中の死後、イギリスに派遣されていた佐賀藩留学生石丸虎太郎・馬渡八郎が合流し、万博に参加した。

パリ万博には、幕府の他、薩摩藩と佐賀藩が各々個別に出展した事もあり、品物の多くは売れ残ってしまったため、貿易という点では失敗に終わった。しかし、軍艦購入や各国の視察という点では大きな成果を挙げる事ができ、使節一行は慶応四年五月一九日に長崎に戻った。

佐野は明治六年（一八七三）のオーストリアウィーン万博に博覧会副総裁（総裁は大隈重信《おおくましげのぶ》）として関係者を引き連れてウィーンに赴いている。又、佐野は明治一〇年に東京上野公園で第一回内国勧業博覧会を開催する等、その後も万博や博覧会と関係を持つこととなった。

1867年8月〜1874年8月

福岡藩アメリカ留学生

［慶応3年7月〜明治7年8月］

福岡藩主黒田長溥《くろだながひろ》は、早くから洋学に通じ、長崎警備にも関わっていたため、外国の動きには常に敏感であった。慶応二年（一八六六）五月、オランダ商館付医師ボードウィンの帰国に際して、黒田は蘭方医武谷椋三《たけやりょうぞう》（原田俊三《はらだしゅんぞう》）と赤星研蔵《あかほしけんぞう》の二人をオランダへ派遣している。慶応二年四月七日、幕府の海外渡航解禁が行われたこともあり、筑前藩は藩費留学生を送ることを考え、翌年春にはアメリカに六人の留学生を派遣することを決定した。その人員は次の通り。

平賀磯三郎《ひらがいそさぶろう》（義質《よしなり》）法律学
青木善平《あおきよしひら》（後の安部忠吉《あべただよし》）
松下嘉一郎《まつしたよしいちろう》（直美《なおよし》）法律学
井上六三郎《いのうえろくさぶろう》（良一《りょういち》）法律学
本間英一郎《ほんまえいいちろう》（岩吉《いわきち》）土木学
船越慶次《ふなこしけいじ》（後の武藤鳳六《むとうほうろく》）土木学

彼等は長崎に遊学して英語を学んでいた。年長の平賀が取締役を務めた。平賀は、安政年間の海軍伝習にも加わった経験があり、幕臣や諸藩士にも知己が多かった。一行は慶応三年七月二五日朝、アメリカ船コロラド号に乗船し、横浜を出発した。この船には幕臣勝麟太郎の嫡子勝小六《かつころく》、その従者で仙台藩の富田鉄之助《とみたてつのすけ》、庄内藩の高木三郎《たかぎさぶろう》、仙台藩の高橋和喜次《たかはしわきじ》（是清《これきよ》）、同鈴木六之助《すずきろくのすけ》（友雄《ともお》）、薩摩藩の伊東四郎《いとうしろう》（祐《すけ》亨《ゆき》）、木葉英四郎《きばえいしろう》といった諸藩の留学生たちも乗船していた。この内、松下は当初フランスに行く予定だったが、同船した船にスイスの商人ブレンヴァルドが平賀にフランスではなくスイスに行った方が良いという忠告をしたこともあり、平賀も松下にスイス行きを進めた。この事により、松下はスイスへ留学することとなった。

平賀と青木は既にアメリカで留学生活を送っていた岡山藩の花房虎太郎（義質《よしもと》）、久留米藩の柘植善吾《つげぜんご》の紹介で、もとボストン・ラテン・スクールの校長で文化人としても著名なディラウェイの教えを受けた。

断髪し革靴を履いた留学生たち（塩崎智氏蔵）
左から平賀磯三郎（福岡藩士）、花房虎太郎（岡山藩士）、柘植善吾（久留米藩士）、青木善平（福岡藩士）、中央は米人教師チャールズ・ディラウェイ。

留学生の内、青木はノイローゼ気味になってしまったため、明治元年九月、一足先に帰国した。船越は協調性を欠き、孤立していたようで、明治二年（一八六九）五月には帰国した。松下はフランスでパリ万博を訪れ、スイスに留学へ向かった。しかし、藩の財政窮乏なども影響し、学費の継続が不可能となり、明治元年一二月五日に帰国を余儀なくされた。松下は帰国途中、ボストンの平賀を訪れ、学費の相談を行った。そして、一度、松下が帰国し、藩と相談した上で留学を続けるか否かを決めることにしたのである。この頃、戊辰戦争が終わり、極度の財政難となった福岡藩は偽札造りを始め、明治三年から翌年にかけて事件が発覚し、事態はますます悪い方向へ向かった。明治三年になると、平賀は井上と本間を残して帰国した。一方、残りの留学生井上と本間は各々専門

井上良一（左）と本間英一郎（右）（塩崎智氏蔵）
1874 年 7 月サンフランシスコで撮影。

平賀磯三郎（義質）（塩崎智氏蔵）
福岡藩士平賀元六の子。亀井塾で漢学を学び、その後、江戸で蘭学を学び、安政 5 年 (1858) 長崎に遊学。アメリカ留学後、明治 4 年 7 月、司法省に入り、権中判事。岩倉使節団にも随行し、その後も司法官の道を歩むも同 12 年に辞職。同 15 年、毒死した。訳書に『米国加忽尼亜州刑典』等がある。1870 年 11 月にサンフランシスコで撮影。

分野を修め、帰国する。この二人はアメリカで私費留学を行った新島襄に会い、交流を持った。また、井上はボストンにやってきた福岡藩出身の金子《かね こ》堅太郎《けんたろう》、団琢磨《だんたくま》、黒《くろ》田《だ》長知《ながとも》らの宿の手配をしている。更に井上は、岩倉使節団にも接触をしている。岩倉使節団には帰国したばかりの平賀も随行していた。井上は明治七年に日本人初のハーバード大学卒業生となり、法学士を習得している。一方、本間も鉄道工学を学び、明治七年にマサチューセッツ工科大学を卒業した。二人は無事に卒業を果たし、帰国した。

　彼等の大半は帰国した時、日本語を忘れていた程であったというから、外国の大学を卒業するために相当の語学学習をしたことがうかがえる。また、彼等は明治以降の留学生たちの先鞭《せんべん》をつけたという点でも注目しなければならないだろう。

左から団琢磨、黒田長知、金子堅太郎（塩崎智氏蔵）

金子堅太郎

［かねこ　けんたろう、1853―1942］

福岡藩勘定所附金子清蔵の長男。文久3年(1863)に藩校修猶館に入学、明治3年(1870)に平賀義質から英語を学ぶ。明治4年の岩倉使節団に随行。その後、アメリカ留学。同9年、ハーバード大学法学科に入学し、同11年卒業。その後、日本で法学を教え、伊藤博文の秘書をつとめる。条約改正等にも尽力し、晩年は維新関係史料の蒐集と編纂を行った。

団琢磨

［だん　たくま、1858―1932］

福岡藩士神屋宅之丞の4男。明治3年(1870)に福岡藩権大参事団尚静の養子となった。この間、平賀義質から英語を学ぶ。明治4年、アメリカに留学。同8年、マサチューセッツ工科大学予備校鉱山学科に入学。同12年、大阪専門学校や東京帝国大学助教授を経、同17年に三池鉱山局御用掛。その後も三井財閥に貢献。1932年に血盟団事件で射殺される。

黒田長知

［くろだ　ながとも、1839―1902］

津藩主藤堂高猷の2男。黒田長溥の養子。明治2年(1869)に家督を継ぎ、版籍奉還を行った。同6年、福岡藩知事になるも贋金事件罪で同4年藩知事を罷免。同年に、アメリカに留学、同11年の帰国後、息子の長成に家督を譲る。

幕末の残像

街道と宿場

箱根宿（放送大学附属図書館蔵）
江戸時代の景観を残す明治 10 年代の箱根。三島方面から望んだ近景。
芦ノ湖の背後に左から駒ケ岳、二子山、屏風山の山並みが続く。

一八五二年、イギリスで刊行された日本の総合ガイドブック『日本帝国』には、「内陸部での産業は沿海部に劣らず発展しているらしい。トンネルを作る技術はないようだが、陸路は十分に整備されている。山間部の急峻な地形では道をジグザグに切り開き、岩のあるところはそれを削って階段を作ってある。陸路は一定間隔で厩、旅籠、茶屋などが整備されている。街道には町と町が連続しているようなところがあって、複数の町を貫通する大きな通りに見えるほどである」（チャールズ・マックファーレン著・渡辺惣樹訳『日本　1852』草思社、二〇一〇年）と書かれている。最後の一文は若干大げさな気もするが、明治一一年（一八七八）に東北地方を実際に旅したイザベラ・バードは「関東平野には土手道となっている街道に沿ってほとんど絶え間なく村落が続いている」（高梨健吉訳『日本奥地紀行』平凡社、二〇〇〇年）とあるからあながち間違ってもいない。さらに『日本帝国』では「この国で泥棒や盗賊行為を働くことは簡単ではない。街道は完璧なまでに安全だ。商人は牛の背に高価な商品や

箱根宿遠望（国際日本文化研究センター蔵）
三島町の背後にある山伏峠（男駒山）方面から見た箱根宿。遠方の塔ヶ島の丘の上に、明治19年には箱根離宮ができるが、その離宮がないことから、明治19年以前の撮影であろう。

箱根宿内（個人蔵）
年代不詳／F・ベアト撮影。三島町方面に向けて写された情景。右手の家並2軒の軒先にかかる看板には「御茶漬　山田屋」と書かれている。

金銀を載せて運搬している。盗賊の心配がないのだ。これは厳しい法律のおかげでもあるのだが、それだけではない。日本人は誇り高い民族であり、騙したり、横領したり、盗んだりする行為をひどく軽蔑するのだ」と評価している。全く不法行為をしない人ばかりではなかろうが、少なかったと考えられる。今でも治安がいいのはそのおかげであろう。写真からそうしたことさえ読み取ることができたら素晴らしいのだが…。

大阪高麗橋
（国際日本文化研究センター蔵）
大阪市中央区にある東横堀川にかかっている橋。大阪の玄関口として整備された。明治３年（1870）に大阪初の鉄橋として架け替えられた。

下関に到着した連合艦隊
（長崎大学附属図書館蔵）
1864年／F・ベアト撮影。元治元年（1864）8月、長州藩との戦争（下関戦争）のために集結した４ヵ国連合艦隊が遠くに見える。

鍋冠山からの長崎港
（長崎大学附属図書館蔵）
1865年頃／F・ベアト撮影
右手に見える出島の右側に明治元年（1868）に架けられる大橋が写っていないことから、撮影時期は慶応年間と思われる。海上には多数の船舶が浮かび、長崎港の賑わい振りがうかがえる。

奈良東大寺

（放送大学附属図書館蔵）

長い歴史の中で戦火に見舞われた大仏は江戸期に改鋳され、大仏殿も明治40年から大正4年にかけて大修理されている。この写真で見る大仏殿は大修理前のもので明治中期の撮影。

京都八坂五重塔

（放送大学附属図書館蔵）

清水に続く八坂の道を見上げる画像。京都の町屋を写した古写真は少ない。その意味でこの写真は貴重である。幕末期、蛤御門の変で京都の町屋は2万8千件が類焼した記録があるが、その後再興され明治10年代にはこの写真の状況となっている。

鹿児島の景観

（放送大学附属図書館蔵）

多賀山から捕えた鹿児島。明治10年（1877）頃／F・ベアト撮影。

熊本城

（国際日本文化研究センター蔵）

手前の平左衛門丸内に加藤清正を祀る加藤神社があるが、神社は明治７年（1874）に城外に移築される。それ以前の撮影。

二条城

（国際日本文化研究センター蔵）

明治初期撮影。東南隅櫓の方から東大手門を望む。二条通にある二条城の堀川通に面する側である。

名古屋城

（国際日本文化研究センター蔵）

本丸御殿の一部が写された貴重な一枚である。

上田城

（上田市立博物館蔵）

写真右から北櫓、本丸東虎口の櫓門、南櫓台の石垣が写る。明治７年（1874）に西櫓を除く建物が払い下げられ、取り壊しとなるが、北櫓は城外に移築された。昭和 22 年、ふたたび城内に移築復元される。

福井城

（福井市立郷土歴史博物館蔵）

寛文９年（1669）に天守焼失後の福井城における天守代用の三重櫓である本丸巽櫓。明治初期撮影。

仙台城から展望大橋

（国際日本文化研究センター蔵）

大手門の前より広瀬川に架かる大橋、仙台城下を遠望する。

愛宕山から見た江戸のパノラマ（『Felice Beato in Japan』より）
1863年／F・ベアト撮影。標高26メートルの愛宕山から撮影された。中央の下部の白壁の長屋が続く屋敷は越後長岡牧野家中屋敷。その奥の火の見櫓が見えるあたりは松平行隠岐守屋敷、上部の森は浜御殿（現浜離宮）である。

江戸城二の丸中之門（小沢健志氏蔵）
1871年／蜷川式胤撮影。右の櫓門が中之門。この門を通り本丸の表門である書院門に至る。

江戸城二の丸巽三重櫓
（『Felice Beato in Japan』より）
1863年／F・ベアト撮影。

熊本藩江戸屋敷
（長崎大学附属図書館蔵）
1863年／F･ベアト撮影（ボードインコレクション）。ベアトの解説シートには「熊本藩江戸屋敷」とあるが、島津家の追想録『しらゆき』には三田薩摩屋敷（芝邸）とされている。

島原藩下屋敷（放送大学附属図書館蔵）
1863 年／ F・ベアト撮影。ベアトの解説シートに「芝高輪薩摩屋敷」とあり、これまでは右の屋敷 が薩摩下屋敷、写真中央の坂はざくろ坂と見られていた。しかし、港区立港郷土資料館松本健氏の考証により、この坂は三田２丁目の綱坂であることがほぼ立証された。薩摩屋敷と書かれたわけは、坂の奥左手に島津淡路守上屋敷があったからという。右の屋敷は肥前島原藩松平家中屋敷である。明治４年、福沢諭吉は芝の新銭座からこの地に移って慶応義塾を開いた。

編者紹介

岩下哲典（いわした　てつのり）
昭和37年（1962）生まれ。最終学歴：青山学院大学大学院文学研究科史学専攻博士後期課程満期退学。博士（歴史学）。現在：明海大学ホスピタリティ・ツーリズム学部教授（大学院応用言語学研究科教授兼担）。主要著作：『江戸のナポレオン伝説』中央公論新社、1999年、『江戸情報論』北樹出版、2000年、『徳川慶喜　その人と時代』岩田書院、2000年、『江戸の海外情報ネットワーク』吉川弘文館、2006年、『予告されていたペリー来航と幕末情報戦争』洋泉社、2006年、『幕末日本の情報活動〔改訂増補版〕』雄山閣出版、2008年、『龍馬の世界認識』（小美濃清明氏と共編）、藤原書店、2010年。

塚越俊志（つかごし　としゆき）
昭和57年（1982）生まれ。最終学歴：東海大学大学院文学研究科史学専攻博士課程前期終了。文学修士。現在：同大学院博士課程後期在学。主要論文：「ポサドニック号事件に関する一考察—箱館における日魯交渉—」『湘南史学』第16号、2007年、「文久竹内使節団の人選過程について」『東海史学』第43号、2009年、「開国期の日魯関係」『湘南史学』第18号、2009年、「日葡修好通商条約に関する一考察」『京浜歴科研年報』第22号、2010年、「池田使節団の人選過程」『湘南史学』第19号、2010年、「文久二年の竹内使節団によるフランス訪問の意義について」『開国史研究』第10号、2010年、「坂本龍馬と福井・熊本藩」岩下哲典・小美濃清明編『龍馬の世界認識』、藤原書店、2010年所収。

レンズが撮らえた　**幕末の日本**

2011年4月15日　第1版第1印刷　2011年4月25日　第1版第1刷発行

著　者　岩下哲典　塚越俊志
発行者　野澤伸平
発行所　株式会社 山川出版社
〒101-0047　東京都千代田区内神田 1-13-13
電話　03(3293)8131（営業）　03(3293)1802（編集）
http://www.yamakawa.co.jp/
振替　00120－9－43993
企画・編集　山川図書出版株式会社
印刷所　半七写真印刷工業株式会社
製本所　株式会社 手塚製本所
デザイン　有限会社 デザインルーム・グラフ

　ISBN978－4-634－15015－7